死で終わるいのちは無い

死者と生者の交差点に立って

三橋尚伸

ぷねうま舎

ブックデザイン：尾形忍（Sparrow Design）
カバー・本文イラストおよび写真：三橋尚伸

目次

青の章

序章　死者と生者の交差点

交差点の真ん中に、自分が立っている状況を想像してほしい。周囲には、右からくる人、走って向こう側に渡ろうとする人、左からは、二人連れで通り過ぎる人……。大きな交差点なら、数えきれないほどの人びとが行きかっているだろう。私たちの視界に入ってくるのは、生きて歩いている者の姿だけである。生きている者だけが存在し、目に見えるモノだけが事実であると思ってもいる。しかし交差点で行き来するのは、生者だけではない。もしも交差点の向こうからこちらに向かってやってくる死者に気づかなければ、自分とともに同じ方向に向かって歩いている死者にも気づかないだろう。

人びとは、なぜ気がつかないのだろうか。

ある人が言っていた。「自分は、いま死ぬことはない」という妄想に生きる場所から、余命一秒という真実の方に立ち位置を変えるには何が必要なのだろうか、と。妄想という、日常そこに立っている床を踏み抜いて、基本の生き方を変えさせるものとは何だろうか。

「やっぱり相当、痛い目に遭《あ》わないと、気がつかないんじゃないですかぁ？」と答えながら、ここで私の思考はハタと止まった。もしかしたらみな、うすうす気づいているのに、そちらを向くと気持ちが沈むし、それは嫌なことに違いないから、気がつかないことにしているのかもしれない。では、なぜそれは嫌なことなのか。

「強い自我」を抱えている私たちは、「私」という揺るぎない実体があると思っている。それは、ここに固い地盤があると思い、これが「私」と思われる「もの」を生きているようなものだ。その「私」が無くなってしまうのが死だから、それは怖いし、嫌なことなのだ。そして、嫌なこと、怖いことは見なかったことにし、さらにはなかったことにしようとするのが、私たちの常である。「私がある」という思いは妄想にすぎないのに、実体と化したその「私」にしがみついて疑うことをしない。

しかし、その「私」は他の生き物同様に、常に変化するような、言ってみれば「空的《くう》」なあり方しかしていない。そこは堅固な地盤だと思い込んでいる、固定化したそれ自体などというものは、本当には無いのだ。縁《えん》によって織り込まれた縦糸と横糸の、変化してやまない無数の交差する点を生きているような危ういあり方なのに、なぜか私たちは確信している。「確固たる自分がある」と信じ、しかも絶対視して、そこを生きている。思えば、それもまた不思議な能力には違いない。

　自分の陰に、自分とまったく同じ姿をした死者が潜んでいる。このことを知るのは、ほんの一部の人たちなのだろう。こんなことに気づくのは、大きな不条理に遭《あ》ったり、よほど厳しく悲惨な出来事を見てきた人に違いない。いのちの問題を一人称の問題として受け止める人、それを自分の問題にできる人は少数なのだろう。大多数の人びとは、死か、破滅的な出来事が目の前を横切らないかぎり、ただ第三者の問題、いわゆる他人事として通り過ぎてしまうのではないだろうか。振り返ってみれば、余命一秒がまさしく真理であるにもかかわらず、余命とは世間で言われている平均寿命のことであろうといった程度の妄想の中から一歩も出ることなく、日常を生きているのが私たちだからである。

　陽と陰、生者と死者。この並びの順番は、私には違和感がある。陰と陽、死者と生者という順の方が、私にはしっくりくる。仏教の僧侶でありつつ、心理カウンセラーとして、死者と生者、陰と陽の交錯する場面に、少しの距離を置きながら立ち会うことが多いからなのだろうか。私はいつも交差点の真ん中の、少し浮き上がった空中に立っているような感じに浸されながら、日常を過ごしている。足は大地をしっかりと踏んでいるわけではないから、なんとなくふわふわ、ゆらゆらと漂って、そこにいる感じなのである。
そんな私の前を、病をえて、死を間近に感じている人びとやその家族、精神疾患に苦しんでいる人びとやその親族、また心ならずも加害者になってしまった人びとや、強い被害感情に苦しむ人びとが立ち止まっては、また去ってゆく。生死の問題に行き当たって、私の前に現れて座りこみ、また立ちすくんでいる人びともいる。

普通には、これらのことに出遭うのは突然のこと、身に降ってかかったこととして、取り乱し、慌て、驚き、嘆き、悲しむ。そのどれもが、自分とは無縁だったはずの、非日常の出来事と思われているのだ。日々の暮らしの安心とは、そんなものかもしれないが、私にとってはこうした厭《いと》うべき不条理との遭遇は突然のことではない。むしろ、理不尽で不条理な世の中に、わが身でありながら私の言うことをきいてくれない、不条理な体をもって生まれてきたという実感の方に馴染みがある。そちらを立ち位置とするのが、いつしか私の基本になっていた。

交差点を行きかう人びとの前に立つことは、その人の人生を横切ることでもある。それは、まことに面倒で、これまでもつくづく嫌になってしまうことがたびたびあった。それでも長い間、人びとの前をうろうろ、ふわふわしているのはどうしてだろうと考えてみると、これまでの私の生き方とそれは地続きだからということなのかもしれないと思い当たる。

「縁《えん》」は私の都合や意志とは関係なく現れる。その「縁」によって敷かれたレールを、その軌道に沿ってただ歩いてみる、というような生き方を私はしてきた。終着駅に何が用意されているかなどと、いまだ起こってもいない、ついには知りえないかもしれないことをいくら考えても、どうあがいても仕方がない。なるようになると思っているので、たとえどんな結果が待ち構えていようと、目の前に提供された軌道を歩くしかない。それでもときには本当に苦しくなって、家の食器棚の上に作りつけてある仏壇の阿弥陀仏に向かって、悪態をついたこともある。

「本当に仏がいるのなら、自分で助けなさいよ！　私なんかの力を利用しないでっ！」

そう言いながら、小さな阿弥陀仏の絵像に向かって大泣きをする。すると阿弥陀仏は、どうしても立ち止まらざるをえないような苦しい出来事を私に与える。それはまるで、私の横っ面をパシッと平手で激しく叩いて、無理矢理自分の方を向かせるような仕方である。本当にずるい、と私は思う。絵像の阿弥陀仏は、結局私を使って自分の仕事をやらせるのである。そして、「あぁ、仕方ないなぁ。これが私の生まれた意味なのかもしれないから、やるしかないんだ……」と観念させられて、これまで続けてきたということなのだ。宗派の教義として、いくら仏を実体化するなと言われても、私は悔しいのである。いまでも相変わらず、阿弥陀仏への悪態は続いている。

「阿弥陀仏は、いったい何をやっているの？　いるなら自分でやりなさいよ！」

世間から教えられ示される方法論では解決できない不条理に出遭い、行く先がわからなくなってしまって、交差点で一人立ち尽くしている人びとの姿を、私は日常として見ている。

そんなさまざまな場面で、私は自分が「中間」の立場にいるということを感じてきた。「中間」とは何を意味するのか。例えば、仏教と、いまだ仏教に縁がない人との中間であり、生きている人と、亡くなった人との中間ということだ。それは、見知らぬ人びとが行き来する交差点の真ん中に私だけが立ち止まって、周囲を交差する人びとを見ているような、不思議な立ち位置にいる感じなのである。

以前友人に、あなたはシャーマンだと言われたことがあるが、その真意はわからないとしても、何かと何かとを結ぶ中間の立場にいる存在という意味ならば得心のいくところはある。私の感覚では、きわどくバランスをとっているヤジロベエの両端の、どちらでもあり、またどちらにも行き来し、その両者をとりもつ存在。これが、私がここに存在する意義なのかもしれないと思っている。私は交差点で、信号が変わりそうになっていることにも気づかずに、立ちすくんでいる人びとの間に立った。

黄の章

恐山　死者とともに生きる

死の衝動にひそむもの

いつ頃のことだったか……、「恐山」という名称を知ったとき、その場所に関する私の想像は大きく偏向して膨らんだ。たぶん何かの印刷物で目にしたか、誰かが話しているのを聞いて、私の中に蓄積された正誤入り混じったような情報が基《もとい》になっているのだろうと思う。そこに私の想像がさらにプラスされて出来上がった「恐山」である。

青森の最北にある、恐山という高く大きな山。そこは寒風吹きすさぶ荒涼とした岩だらけの場所で、目に入る景色の中には一本の木も生えておらず、灰色の石と茶色がかった岩だけの世界である。ごろごろとした石がころがる地の、そこここに敷かれたゴザの上には、イタコと呼ばれる目の見えない女性の霊能者たちが常にいて、亡き人のその後の様子を知るために山を訪ねてきた遺族の言葉を聞き、問いに答える。その方法は、若いときから修業した結果、手に入れたのであろう霊的能力によって、亡き者の霊をイタコ自らに降ろして語らせる。口寄せという憑依《ひょうい》方法である。憑依の結果、亡き者の言葉として語られるそれらには、どうやら一定の内容や語り口が、ある様式にパターン化されているらしい。

イタコたちは寒さの中、古い綿入れの上下を着ており、タオルで頭から頬かむりをしている。姿勢は、ゴザの上の足を正座に折りたたみ、老齢のためか、背中は丸く変形して、ひどく前傾している。手指は、長年寒さにさらされたせいで、水分を失ってかさつき、アカギレができて、炎症のために赤紫に変色して腫《は》れている。指先の何カ所かは切れて痛々しい。

これは、私がいつしか膨らませ、頭に棲みついたイメージで、いつかどこかで見聞きした景色の点描や、恐山という名、そしてその名にまつわる「死者の集まる山」といういわれから作り上げたものに違いなかった。「人は死んだら、お山さ行ぐ」という下北半島の言い伝えも、知らぬ間に私の知識の一つになっていたのかもしれない。いつの間にか、私の恐山は荒涼としていて暗く、死者の霊の集まる、まさにおどろおどろしい場所になっていた。

あるとき、ガンの治療を専門にしている知り合いの医師から、彼が担当している患者さんを紹介された。これまで私は、ガンなどで死を間近にしている方々や、精神疾患で苦しんでいる方々のカウンセリングをしたり、またこのような状態の方々を介助する立場や援助職につく人びとに対して、講演や研修を通して、患者さんへの対応や接触の仕方などについて話してきた。医療・宗教・カウンセリングの三つを融合させたような方法で、僧侶カウンセラーとして独自のかかわり方を長年続けてきていた。そんな経緯から、仲間には医師などの医療従事者も多く、その仲間の一人であるガン治療専門医からの紹介であった。

彼女のガンは治療によって完治しているのだが、自分がこのような病気になった原因として彼女は、夫の死がからんでいるのではないかと考えていた。霊的な問題によるいわゆる「霊障《れいしょう》」を疑い、その不安を主治医に漏らしていた。

霊障に対する不安が大きいという、病気以外の問題を抱えていることがわかった主治医の脳裏には、すぐに私の顔が浮かんだらしい。あわせて、その患者さんは近いうちに恐山に行き、イタコに会う予定にしているという話であった。恐山と聞いて私の頭にはくだんのおどろおどろしいイメージが浮かんだが、霊的な問題に対して、霊能と呼ばれる特殊な能力をもって解決することなどできはしない私は、通常のカウンセリングによる面接なら引き受けるという条件で、主治医を通してその人と会う約束をした。

面接当日、上品なスーツを着た女性が私の前に座った。体調は悪くないとのことで、主訴は医師から聞いていたとおり、夫の死に何か引っかかりを感じていることと、霊的な障《さわ》りに対する不安とであった。そして、夫の死と自らの病気との間に因果関係があるのではないかと話す彼女の目は、泳ぐことなく、正面から真っ直ぐに私を見つめている。不安を抱えているというより、彼女は自分の考えに確信を持っているように私には見えた。

一年ほど前、その人の夫は事故死した。彼女は、その事故による突然の喪失に納得できていないのである。一年前に想いを戻しながら、わかっていることのすべてを私に伝えようと、私の目に真っ直ぐに目差しを向けて、しかし穏やかな柔らかい声で話し始めた。

その日は休日だった。しかし、いつもの出勤と同じように、彼女の夫は自家用車を運転してどこかに出かけた。そして、ある岸壁から海に落ち、車中で溺死したのだ。目撃者はおらず、警察は事故死と自殺との両面を考慮しながら捜査した。そして結局、車での単独事故ということで捜査は終わる。ただ、妻である彼女への捜査結果の伝え方は、断定的な口調ではなかったというのだ。恐らく事故であろうというようなニュアンスをこめた「事故死」の報告だったようだ。

それが事故だった場合と自殺の場合とでは、遺族の心に生じる痛みの質は大きく異なる。それでも、どちらかに本当に確定したのであれば、まだ気持ちに結着がつけられるのかもしれない。しかし、どちらにも解釈できるような、少し曖昧さを残した警察の物言いに、彼女の気持ちが落ち着くことはなく、もしかしたら自殺なのではないかという疑いがいつまでも心のどこかに居座ったのだった。「自殺の可能性を考えざるをえない理由があるとでもいうのだろうか……」と私の思考は一瞬止まったが、とめどなく話し続ける声をさえぎってはならない。その問いを一度、頭の中に収め直して、聞き続けた。

形もはっきりしないような、心にわだかまる疑念を抱えながら日々を過ごすうちに、彼女自身の身に不調が起こった。そして診察を受けた結果、ガンが発見された。夫の死という不幸な出来事だけでも、その精神的な負担は大きく、苦痛を感じているのに、さらに自分の身の不幸が重なった。こうなると、立て続けに不幸が降りかかったことの原因探しが始まる。自分も夫も真面目に生きてきた。子どもも順調に育ってくれた。十分とは言えないまでも、社会的にも他者のためになる活動をしてきた。自覚の上では、他者を傷つけて生きてきた覚えもなかった。なぜ、自分がこのような不条理な目に遭わなければならないのかという問いへの答えは、いくら考えてもどこにも見つからなかった。

この「からだ」自体が、そもそも不条理にできているという認識はなく、この世のすべてが本来、理屈の通らない、原因と結果の関係だけで納得することのできないものだということに気がつかずに私たちは生きている。大切なことは、およそ自分の掌のうちにはないものなのだ。「一切皆苦《いっさいかいく》」だと釈尊が教えたことなど、頭の片隅にでも置いて日々を生きる人は、まず一人としていないだろう。私たちは不条理としか思えない結果をもたらした原因を、世俗の倫理道徳の中にしか探そうとしないから、善因善果・悪因悪果の発想に当てはまらない答えにたどり着くことはできない。

何に由来するのかわからない不安を抱えたまま生きてゆく苦痛は、大切な存在を失った痛みとは別に、日を経るにつれて深くなり、不安はやがて焦りを生み出して、私たちを動かすようになる。じっとしてはいられないのだ。わからないことを、わからないままに、ただ心に受け止めて保っているためには、かなりの精神力が必要になる。

たとえそれがいかに厳しいことであれ、本当のことがわかれば、多くの人は腹をくくって道を歩けるようになってゆく。しかし、曖昧なまま、不安定な状態を生きるのは、真綿で首を絞められるような鈍い苦しみとなって、継続的に心を刺激し、負荷をかけ続けるものだ。このような状態にある人は、あたふたと同じところを無用に動き回り、一歩も前に進めなくなってしまう。

ガンは完治したものの、治ったのは彼女の体だけで、気持ちの底にずっと溜まっていた夫の死に対する不審と原因のわからない不安とは、時とともに彼女の心を刺激し続けていたのだった。

彼女は動いた。霊能力があると表明している複数の人に会い、相談したが、結局、心底納得できる話は聞けないままに終わったとのことだった。次第に彼女は、直接夫から死の真実を聞きたいと思うようになっていった。亡き者から言葉を受けとるには、どのような方法があるのだろうか。それには、死者と直接あるいは間接にでも交流ができ、死者の依《よ》り代《しろ》となることができる、ある種の特殊能力者を頼るしかない。そして彼女は、イタコのいる恐山に行きたいと願うようになっていった。真実を知りたい。しかし、真実を知るのは怖い……。二つの気持ちに引き裂かれる心情と、どこにも持って行きようのない不安を語りながら、恐る恐る私の前に一枚の写真を置いた。

「この写真を見ていただけますか？　主人なんです」

そこに写っていたのは、釣り上げた魚を片手で持ち上げている男性の姿だった。彼は、船の上で笑顔を見せていた。

「主人はときどき、会社の同僚たちと一緒に、釣りに行っていたんです。これはそのときの……」

私は、その写真を手にとって、じっくりと見てみた。写真は目の前で動いてはくれないけれど、写っている人の表情や態度、着ている物などからもたらされる情報で、ある程度はその人の内面を想像することができる。

カウンセリングのとき、私たちカウンセラーは相談者が語る言葉の一言一言に丁寧に耳を澄ます。言葉を発するときの声の調子やリズムの変化も聞き逃さない。しかしそれ以上に、言葉にされたもの以外からも多くの情報を読みとろうとする。顔全体に現れている表情はもちろん、瞼や頬や口周りの筋肉が微細に痙攣する様子などからも鋭敏に感じとる。態度の全般にも気を配り、手の位置や指の動き、足の位置がどの言葉が発せられたときに動いたかなどにも注意を向けながら、カウンセリングをする。

私は、ことさらに分析しようという意識もない状態のまま、いつものならいで写真の中から自動的に情報を取り込み、分析を始めたようだった。男性はたしかに笑っている。撮影してくれている釣り仲間に向かって、笑顔を向けている。しかし、私に届いたその笑顔は、何の屈託もない笑顔とは異なっていた。楽しいはずの釣り、うれしいはずの釣果《ちょうか》が得られている。そんなときの写真なのに、心底うれしさが現れた表情には見えない。目が笑っていないのである。「破顔」という言葉で表現される、表情筋の底から湧き出した喜びで満たされた表情ではない。表面の薄皮一枚で笑顔を作っているように見えるのだ。その下の筋肉が伴っていない。もしかしたらこの人は、いつも他人によい顔を見せていたい人、見せようと努めていた人なのかもしれない、と私は感じとった。

他者と対面したとき、無意識に、反射的に、笑顔を作る。意識しないまま、楽しんでいる風を装う。楽しい遊びの時間であっても、同行している他者に無意識のうちに気を遣っている。もしかしたら、そんな日常を生きてきた人なのではないか、と私には感じられた。このような生き方の癖を持つことになったのには、親または親の代理的立場にある人の影響が強かったのではないかと考えた私は、彼女に夫とその両親との関係を尋ねた。

「ご主人とご両親との関係は、うまくいっていたようですか」

「それがよくわからないんです。私が結婚したときには、父親も母親もすでに亡くなっていたものですから。そう言えば、主人は親のことをほとんど話さないんです。言いたくない話なのかもしれないと、私も何となく感じていたのでしょうかねぇ。それでいつの間にか、わざわざ聞くこともないという感じできてしまいました」

「そうですか……。これは私の予測でしかないのですが、ご両親のどちらかか、両方かはわかりませんが、ご主人を育てるときの信条の基本に、自分のことより他の人に気を配って、人に喜ばれるような生き方をしなさいっていう考え方があったような気がするんです。何かにつけて我慢するとか、自分の感情を抑え、他人のためには自己犠牲を厭《いと》わない生き方に価値があるというような考えを持って彼を育てた。本当の自分は抑えなさいという方向での厳しい躾を受けてこられたんじゃないかな？　そんな風に感じるんです」

「私は、主人から直《じか》には何も聞いていないのですが、そう言われると、主人の妹さんからそのようなことを聞いたことがあるような……」

「そぅ……」

「今度、恐山に行こうという話も、実はその妹と一緒に行く予定になっているのですよ。だからそのときに彼女にいろいろと聞いてみますね。私も主人がどういう子ども時代を過ごしたのか、いま、すごく知りたいと思い始めています。彼女なら、きっといろいろ知っていると思いますから、ちょうどいい機会なのかもしれないですね」

私も、彼にどのような人生があったのかを知りたいと思った。そして、両親がどのような養育態度で彼を育てたか、どのような価値観を教え込んだのかなどを、ぜひとも妹さんに聞いてみて欲しいと頼んだ。

写真を見ながらの私の無意識の分析は、まだ終わらなかった。もしも私の予測が当たっているとしたら、彼のような生き方を続けてきた人は、その根本のところに「生きていたくない」という気持ちを抱えていることが多い。これまでのカウンセリングの経験から、成育歴とその結果との関係は、かなりパターン化できることが多いという感じを受けていた。そのパターンを踏まえて、予測しながら尋ねてゆくと、やはりそこから大筋外れない結果が出てくるのである。

他者である誰かに好かれ、愛されるための自己像を生きることが癖となり、生きることの命題ともなっている人は、他人がそう求めていると自分自身で仮想した自己像、そのように生きるべきだという理想ともなった「求められる自己像」を生きるようになる。だが、それでも当たり前のように顔を出す「私」という自我を抑えられるはずもなく、「求められる自己像」と「自我」とが葛藤を始める。どんなに頑張っても、いかに努力しても「求められる自己像」になりきれない自分を発見したとき、そのような自分を肯定できず、こんな自分では駄目だと思い込む。

このような状態が長く続いた結果、その人はやがて両者の乖離に疲れ果て、次第に自分が何者なのかすらわからなくなって、このような言葉を口にするようになる。

「私は透明な存在になってしまった。私はいったい、誰なのだろうか……」
「もう生きることに疲れてしまった」
自分の感情を押し殺して生きてきたからなのか、自分が人生の主人公になっていないのだ、とも言えるだろう。あたかも誰かの人生観を自分の人生観であると思い込み、他者が主人公の人生に服従して生きてきたのだ、と。しかも、これらは無意識に行われているのだ。

ここから生まれる自己を統合できていない不一致の状態は、継続的な抑鬱を生み出す。するとあるとき、ほんのわずかのきっかけに出会っただけで、意識の上ではことさらに死にたいわけではないけれど、生きていたくはないという、微妙なニュアンスの気持ちが生まれてくることになる。私は、それまでの相談経験で、こうしたいくつもの事例と出会っていた。

この気分が生きる基調にある人が、何かしら死につながるような出来事に遭遇したとき、その死は傍目には自殺なのか事故死なのか明確には判別できない死となることがある。例えば、自動車の事故では、無意識のうちの一瞬の行動が生死を分ける。そのとき、その人の根源に「生きたい」という気持ちがある場合には、一瞬のうちに、生へと向かう行動をとるだろうし、「生きていたくない」という心情がひそんでいる場合には、一瞬のうちに、死に向かう行動をとるだろう。どちらも無意識の出来事なのだけれど……。

自分にはこの世界に居場所がない、どうせ自分などこの世にいなくてもいい存在なのだという思いにとらわれている人は、死へと向かうことを回避しないのだ。カウンセリングの経験で、何度も出会うことになった、この「生きていたくない」という、本人にもコントロールのできない微妙な心情は、誰にでもありうるし、起こりうるものでもある。

亡くなった人から直接に聴きとる能力を持っているわけではないので、自分の経験と直感によって、私にはこのように思えるとしか説明できない。なにも特別な能力にすがらなくても、真剣に聴く中で入ってくる言語や非言語の情報から推察できることは多いし、死者が発しているメッセージが語ってくれることも多い。死者は、直接に語りかけてくれるのではないけれど、この世に存在していたときの言葉や表情、わずかな身振りや体から発散するもの、持ち物が語る価値観などから間接的に読みとることができるものなのである。

いま目の前にある写真を見たら、きっと「えっ！　うれしそうに笑っているじゃない」と言う人もいるだろう。なぜこれが作られた笑いだと思うのか、その理由を説明しろと言われても、私は何も答えられない。これまでの相談経験から体得した、言葉ではなく発信しているものに、いわば共振することで得た情報なのだとでも言うしかない。それは口唇周囲の筋肉の小さな偏りほどのことなのだから。

私は無意識に作られた彼の笑顔を見ながら、頭にはさまざまな映像が去来していた。自動車が岸壁に向かって走ったそもそもの理由として、何か大きな出来事があったのだろうか。背後にあったかもしれない何かは、日常的に継続していたものなのだろうか。それとも、ただ突発的な出来事なのか……。私に予知や透視の能力はないので、彼の抱えていた問題が会社の問題なのか、金銭問題や彼自身の体に起きた問題なのか、人間関係の問題なのかもわからない。ふっと魔がさしたということもあるだろう。

どれが理由だとしても、このまま生きていてもいいと思う気持ちに黄信号が点滅し出して、はっきりと死を望んだわけでもないのに、なぜか岸壁に引き寄せられるように車を向かわせたのではないのか。次第に近づくアスファルト道路の最後の線が視界に入ったとき、もし彼の根源に「生きていたい、生きていてもいいのだ」という想いがあったなら、もしかしたら彼は車を急停止させられたかもしれない。あるいは引き寄せる力に抵抗しながら近づいてゆき、アスファルトがなくなるその手前で、一瞬のうちに最後の抵抗を試みたかもしれない。しかし彼は、もしかしたらこのまま走れば本当に事故になってしまうという恐れを抱きながらも、すべてを終わらせてしまおうと、まるで点のような一瞬に向かって、死への方向にアクセル・ペダルを踏んだのかもしれない。

目の前に置かれた写真の中にいる男性が、最後のぎりぎりの一瞬に、どちらに向かう行動をとるかは、何が決めたのだろう。やはり、生きることの根源につながっている深い心情なのだろうか、と私はこの男性の心に想いを馳せた。この物語のすべては、単なる私の妄想なのかもしれない。それとも経験と直感に基づいた分析として有効なのかどうか、それはわからない。ただ、男性の心情にこのように共鳴する私がいまここいるということ、それはまぎれもない事実なのだ。

彼女の夫自身もはっきりした自殺の意志をもって海に向かったのではないだろう、と私は彼女に伝えた。さらに、その最期のときは、本人にも事故か自殺かの判別がつかないような状態だったのではないか、と私の感じたままに伝えた。覚悟の自殺とはまったく異なる、まさに警察の報告通り、どちらとも判定できないグレイゾーンでの死を、私も感じたからだ。

恐山に行って、イタコに口寄せしてもらい、死の真実を彼の言葉を通して聞きたいという彼女の強い気持ちが私にも伝わっていた。私はイタコと呼ばれる人びとの霊能力に対する多少の疑問を脇に置いて、恐山行きもよいのではないかと、彼女の背中を押した。大事な存在である夫の死に納得したいという想いは、もしかしたらそこでかなえられるのかもしれない。この頃から、いつかは私も恐山に行ってみたいと、現実的な感覚を伴って思うようになっていた。

ひと月ほど経って再び彼女から面接の予約が入り、私たちは再会した。亡き夫の妹との恐山への旅の間に、結婚生活中にはまったく知ることのなかった夫の幼児期の様子や、親の養育態度に関して教えてもらうことができたのだという。妹が語ったそれらの内容は、私が一枚の写真から読みとったこととほぼ食い違いはなかった。小さい頃から両親の想いに強く支配されていたようで、親の価値観に沿うように生きることを子どもたちは求められて育っていたのだ。愛されていないわけではないけれど、心の自由はなかった、と妹は語ったようであった。妻でさえ知らなかった夫の内面や成育歴について、写真一枚を見ながらある程度の予測を話した私を、彼女は特殊な能力の具わった人間と思ったようだった。

彼女の報告の中にあったはずの、イタコの口から語られたという肝心の夫の言葉に関しては、なぜなのだろうか、私の記憶にまったく残っていない。恐山に行ってよかったと言われたことは覚えているのだが、実際にイタコが何を語ったのかは覚えていないのだ。イタコ自身に夫の霊と言われるものを憑依《ひょうい》させて語らせるという方法の実際と、その結果を信じられたのかどうかについても、聞いたはずだが私の記憶には何も残っていない。恐らく私にとって重要だったのは、夫の妹が彼女に語った内容の方で、イタコの語る内容はカウンセリングの情報としては不必要だということで、無意識に記憶から外されたのに違いない。彼女は、実際に足を運んで行動したという事実に、満足感を持てたように見えた。確認行為は、疑いの気持ちでいっぱいの私たちの不安を、ときには和らげてくれる。そして物語も、私たちが負った傷を優しく包んでくれるものである。たとえそれが、死者の声でなくとも……。

死者とつながり、生者がよみがえる

それから何年かが経過して、ある年の冬、私は自分が所属している宗派関連の仕事で青森に行くことになった。しかも野辺地《のへじ》という下北半島の基部にある地域である。下北に近いではないか。私の脳裏に「恐山」という名がひさびさに浮かんできた。日本地図を開き、野辺地と恐山との位置関係をたしかめる。野辺地は、青森県のちょうど鎌のような形をした半島の根元辺りに当たる地域だ。恐山は、仕事の翌日にでも足を延ばせそうな位置にあると思えた。

パソコンを開いて検索すると、恐山は冬季には閉山しているという。閉山？　山に入れない？　冬は雪が深くて危険なのか……。いったいどれほど険しい山なのだろう。しかも同じ青森で、地図で確認するかぎり近くに見えるものの、けっこう面倒な乗り換えをしなければそこへは行けないようだった。本数の少ないローカル電車に、一日何本かしか運行されないバス。車の運転ができない私は、この情報で恐山行きを簡単にあきらめた。

「仕方ない。仕事だけを済ませて帰ろう」

冬でも、寒風吹きすさぶ野外でイタコが口寄せをしているのが恐山だと思い込んでいたのは、どうやら間違いだったらしい。

翌年、再度野辺地から仕事の依頼がきた。今度は六月の後半である。早速ネットで調べると、五月から開山になる。それでも車以外の手段で行くには面倒な場所だという知識が入っていた私に、すぐに行こうという気持ちは起こらず、躊躇していた。そんなとき、ある友人との話の中に恐山の話が出た。まったくの偶然だった。友人は、とても素晴らしいところだからぜひ行くべきだと私に強く勧めた。特に、宿坊に泊まるのがいい、そこが肝心だ、と。

彼の情報は、恐山に対する私のイメージを覆すような内容ばかりだった。温泉、人工的なピラミッドにしか見えない山、海のような広さの湖……。彼の語る恐山は、おどろおどろしい場所ではなく、なにやらとても気持ちのよさそうな、開けた空間を思わせる。温泉つきの宿坊というキーワードも魅力だ。会うたびに恐山の話をするうち、私は本当に行きたいという気持ちになっていった。

恐山は、山岳に位置するわけではなく、火口にできた土地にあって、いまでは禅宗の寺が管理している。言われてみれば、寺は○○山○○院○○寺というように、山号がつく。うかつにも私はそれに気づかず、大きな険しい山岳を想像していたのだ。

いくらネットに掲載された写真に目を凝らしても、周辺の土地を含めた全体像はなかなかわからなかった。しかし急峻な斜面に建つ寺というわけではないと言っても、やはり山に囲まれた盆地。しかも霊場とか死者の集まる場所などと言われているくらいだ。尋常ではないことがたくさんあるようだった。境内には何カ所も硫黄系の温泉がある。火口にある土地だから、辺りには強い硫黄の臭いが立ちこめ、有毒な硫化水素の煙も立ちのぼっている。決して直《じか》に吸い込んではならない有毒ガスだ。そして、大きなカルデラ湖である宇《う》曾利《そりこ》湖の色は、とても美しい濃い青をしている。彼は実にうれしそうにこれらを語ってくれた。宇曾利湖の真正面には、左右対称に裾を広げた大尽山《おおづくしやま》がある。それはどう見ても人工のピラミッドだ、と彼が妙に確信をこめて言う。宿坊にも硫黄温泉の内湯があり、美しい精進料理が出されるのだ、と。

「食べる前と終わった後に、お坊さんと一緒に何やら唱えるんだ。箸袋に言葉が書いてあってさ。それを読む。自分が使った箸は、持って帰れるんだよ」

「えー、それはいいね」

「禅宗だから、精進料理だしね。肉が食べられないあなたには、きっと合うと思うよ。あそこに行ったら、宿坊に泊まらないともったいないよ」

私は、ぜひそうしたいと思った。

「だけどさ、酒は禁止だ。部屋に戻ってからは飲めるんだけど、食事のときには飲んだら駄目なんだ」

「私にはちょうどいいなぁ。絶対にそこに泊る」

帰宅してから早速、宿坊に宿泊の予約を入れた。なんとなく山小屋並みの安い料金を想像していたが、普通の宿泊料金のレベルだった。料金はネットにも表示されていたはずなのに、私の視野には入っていなかった。いくらであっても、そこに泊まろうと決めていたのだから、料金は意識から外してもよい情報だったのだ。「恐山」イコール「山」という一度入ってしまった妄想を、なんとか外せないものだろうか。写真で見る宿坊は、私の予想を裏切る、近代的で広々とした、簡素な美しさを持つホテル並みの施設のようである。古くて薄暗い、ぼろぼろの木造建築物ではないようだ。なるほど、けっこうな料金を取るはずだと、あらためて納得した。その夜、私の手帳には、野辺地からの乗り継ぎ経路と時間と料金、そして三沢空港までの復路の乗り継ぎ経路と時間などがびっしりと書き入れられた。準備が整うと、あとは早くそこに行きたいという想いがつのる。もう面倒だという気持ちは皆無になった。

六月末、私は野辺地を目指して三沢空港に向かっていた。その空港を使うのは初めてのことだ。どことなくいつもの飛行機と雰囲気が異なるのを感じる。日本の航空会社を使っての国内の移動なのに、三沢には基地があるので、日本人以外の乗客が多いのだ。そのときはおおよそ三分の一くらいが、大柄なアメリカ系と思われる客であった。往路からの異質な雰囲気は、この先にふだんとは異なる何かがあるのではないかと思わせた。

到着した三沢空港の滑走路には、ニュースでしか見たことのないアメリカ軍の小型戦闘機とおぼしい、鼻先が尖って翼も鋭角的な飛行機が点在している。私が乗ってきた旅客機のすぐ横から、戦闘機が次々に飛び立つ。離陸までに必要な滑走路の長さは、私が知っている民間機の比ではないほど短い。瞬時に急角度で機体が地面から離れる。航空母艦の短い滑走路からでも飛び立てるように設計されているのだろう。

到着ロビーは、やはり日本人以外の人びとでいっぱいだった。青森の北端のとても日本的であるはずの場所に、外国人が、しかも軍関係者の臭いがぷんぷんする集団が闊歩する異質な光景に、私はなぜかわくわくし始めていた。

寺を会処として開催された講演は予定通りに進み、参加の人びとも熱心に話を聞いてくれて、講演会は無事に終わった。

主催側の住職や担当の僧侶たちが用意してくれた近くにあるおしゃれな店で夕食が始まった。年数を経た民家を改造したような、趣きのあるレストランである。柱が黒く塗られているので、全体の雰囲気が心地よい暗さになっている。なかなか落ち着ける空間だ。このような僻地に、こんなにおしゃれなレストランがあるとは……、これも私の偏見に基づく思い込みを打ち破ってくれた。ともかく、予想が裏切られることばかりだ。

「明日はどうなさるんですか。何か予定されていることはありますか」

私は口にすることにためらいを感じつつ、住職に答えた。

「実は……、恐山に行くつもりなんです……」

「おおっ！　恐山ですかぁ」

「はい。言いにくいんですけれど、前から一度訪ねたいと思っていたものですから……。ちょうど開山している時期みたいなので、いいチャンスかと……」

なぜ言いにくいかと言えば、私が想像をしていたのと同じように、多くの人びとは恐山に対してオカルト的なおどろおどろしさをイメージしているのだろうと予測していたからである。特に私が所属している宗派の僧侶には、そのような霊的な内容を想像させるところに行きたいと考えている人間を批判的に見る傾向が強い。まして行きたがっているのが同じ宗派の僧侶となれば、なおさらのことだ。

霊、スピリチュアル、障り、死者供養などというキーワードは、この宗派の真面目な僧侶たちには受け入れがたく、理解に苦しむようなのだ。それぞれの宗派で、教え込まれた正統と言われる教義以外は受けつけない人びとがいる。私のように恐山に行きたいなどと言う僧侶は、「何もわかっていない異端」の人として分別されてしまうのだ。彼らに何と思われるかを想像すると、私は少し怖かった。

住職が穏やかな表情で言った。

「地元の私でも、若い頃に一度行っただけですねぇ。かなり昔のことです。それからは足を運ぶことはなかったけれど、何年か前に、ずいぶんきれいに直したようだと聞きましたよ」

「はい、写真で見ると、すごくきれいに見えました。恐山に何度も行っている友人が、ぜひ宿坊に泊まりなさいと勧めるので……」

「そうだ。たしか、何年か前に宿坊がきれいになったけど、あそこに行くまでが大変ですよ。私がお送りしますから、明日は私の車に乗って行ってくださいよ。どうか、遠慮はしないでいただきたい」

予想したような批判を受けずに安心したうえ、恐山まで私を送り届けてくれると言う。私は心から感謝して、翌朝の迎えを待つことにした。翌朝、ホテルで迎えを待っていると、住職の奥さまと二人の娘さんが車に乗って到着した。

「私たち、一度も恐山に行ったことがないので、ご一緒させていただこうと思って、ついてきちゃいました」と、娘さんたちが笑いながら車から降りてきた。またまた、意外な展開、女四人の珍道中となった。

「そうですよねぇ。いくら近いとは言っても、普通、真宗の僧侶は恐山には行かないですものねぇ」と、私も笑いながら言うと、奥さまが言う。「私は昔、一度行ったんですけれど、どんな感じだったかも忘れてしまったので、久しぶりに見に行きたくて……」と、恐山行きに便乗したことを楽しそうに口にした。

なんだ、「みんな興味があるんだ……」。

女四人の恐山への旅がスタート。途中、私のたっての願いで六ヶ所村と原燃施設を回っ

てから、下北半島を北上する。写真で見た通り、いわゆる山岳地帯ではないけれど、恐山山地の火口に向かっているには違いないので、高度を上げて行くことになる。元は山道だったであろう道路は、原燃施設を作るときに整えられたものなのか、とてもよく整備されていて、車で走るのに何の支障もない。都会と変わりのない、立派なアスファルト道路が続く。最初の予定では、私は一人で電車とバスを乗り継ぎながらこの道を走っていたのだろうなどと思いながら、車に揺られていた。

ある場所までくると、湖とも川ともつかぬものが見えてきて、突然車の窓の隙間を通って強い硫黄の臭いが入ってきた。四人が四人とも、「あっ！」という声をあげて顔を見合わせ、少し興奮した。いよいよ近くなったのだ。河畔には大きな像が二体立っている。ドアを開けると、周囲の空気はより強い硫黄の臭いに染まっている。私たちは車から降りて像の傍らに行き、看板の説明を読んだ。それによると、二体の年寄りの像は地獄の番人とされる奪衣婆《だつえば》と懸衣翁《けんねおう》とのようだった。

写真を撮ろうと、奪衣婆たちに向かってカメラを構えると、懸衣翁の頭に大きなカラスがとまった。ジーッととまったまま動かない。なんという構図だろうか。これが地獄への入り口だと言わんばかりの写真になった。草むらのあちらこちらには「蛇に注意！」の小さな立て看板が置かれている。二体の像が立っているこの川は、三途の川であるという説明もある。三途の川にカラスに蛇。どれも現世で嫌われるものたちだ。恐山に入る前座の口上は揃ったようなものである。そこから数分のところに、恐山の山門が見えた。立派な総門の中に、人びとが入って行くのが見える。私たちも入山料を払って、門の中の人となった。

入山してみると、そこは明るく開けた場所で、いくつかの堂があり、右手にはその日泊まる、ゆったりと長くのびた立派な宿坊「吉祥閣」があった。正面に見える地蔵堂に向かう道の両側には常夜灯が続き、さらにその両側には写真で見た通りの細長い木の小屋が三つ点在している。これが境内にある温泉なのだ。それらのうちの一つには一応女性用と記してある小さな木板が貼りつけられているが、境内を歩いている人がもし窓を開けたり、扉を開けたりすれば、簡単に中が覗けてしまう。硫黄の臭いは始終漂っている。嗅覚に訴える「強い硫黄臭」という情報が、おどろおどろしさを醸《かも》し出している一つの要因であることを、私は実感した。しかし、この時点での私たちは、死の問題など想念の外で、およそ深刻な問題にふさわしくない、軽やかな気分の、気楽な旅行者に違いなかった。この場にしてみれば、無関係の第三者だった。

しかし、地蔵堂の裏手からは、私が想像していたのに近い地獄らしい光景が始まる。石ころと瓦礫の道のそこここには、何百年もの間に積み上げられたものであろう石積みがあり、あるものは小さな山だったり、絶妙なバランスを保ちながら塔のように高く積み上げられているのもある。火山性の白っぽい瓦礫の間には、プラスティックで作られたカラフルな風車が刺さっている。自然の中に存在するプラスティックの人工的な色は、異様なコントラストをなし、色の強さは美しいという印象ではない。色がきつくて、自然の中に馴染まないのだ。風景から浮き上がったその風車が、強い硫黄の臭いのこもった風に吹かれて、カラカラと絶え間なく羽を鳴らす。石で作られた地蔵と思われる像も、あちらこちらに置かれている。そのどれにも帽子やよだれかけなどが着せられて、死者を思う気持ちがこめられていることがわかる。死者に対する感情が、寒さや食事を気遣っているような具体的な行動に反映され、一つの形をとって、実体化されているように見えるのだ。いつかどこかで見た恐山の典型的な光景が、ここにあった。

道なりに進んでゆくと、賽の河原と命名された、少し開けた場所に着く。地面のあちこちから水か湯が滲み出ていて、何本もの細い流れが地表にできている。これらは、その先にある宇曾利湖に流れ込む。驚いたのは、その小さな細い流れの色である。灰白色の瓦礫の隙間から滲み出ている水は、真っ黄色なのだ。毒々しい黄色は、白の中に一筋二筋と、まるで血管がくねくねとのたうちながら、先へ先へとのびているように見えた。大地に置かれた黄という色は、強烈な自己主張をするものだ。いささかの感慨と恐れを感じながら、私はしばらくたたずんでいた。

それからは四人で宇曾利湖の浜に向かい、大尽山に臨んだ。宇曾利湖はカルデラ湖であるとの説明を耳にしているにもかかわらず、大尽山を背景に湖をセットとして、その大きさや独特の水の色とともに見ると、そのロケーションは人工的に作られたものという疑いが湧いてくる。左右対称に広がった山裾といい、その山容を映す水の色といい、目の前の景観はそれほど見事に完成されているのだ。「あの山はピラミッドだ」と確信をこめて語った友人の言葉が納得できる。

境内を一周した後、宿坊に泊まる私を残して三人は帰って行った。

宿坊の玄関を入ると、そこには境内とは異なる雰囲気が漂っている。広々とした空間を埋める空気に澄んだ重さがあり、荘厳さが漂う。無駄なものが一切見当たらないからだろうか、簡素な凄味すら感じる。左脇の壁面いっぱいにしつらえられた靴箱は、この施設の集客可能人数の多さを表していた。部屋に案内されるときに目に入った、何部屋も連なる廊下、食堂の広さ、夏の大祭に全国から集まる人の数はどれほどのものなのだろう。しかしこの日は、受付にいた僧によれば、客は私一人だという。「ラッキー！」

曹洞宗の寺が管理する恐山は、夜には山門を閉じ、外部からは誰も入れない。境内も宿坊も、一人占めというわけだ。こんな幸運ってあるのだろうか。誰もいない夜の宇曾利湖を見てみたいものだ。部屋に入ると、ここも簡素な仕立てで、実直さを感じさせる雰囲気があった。やはり無駄なものは、一切置かれていない。テレビもなく、観光地のホテルのように、ゲーム機が設置されていたり、廊下にあれこれと物が置かれていたりもしない。本当に必要なもの以外を置かない空間は、実に気持ちのよいものだ。

明るいうちに、もう一度境内を歩いてみたいと思って荷物を置いて外に出ると、幾人かまだ歩いている人がいる。まずは温泉のチェックだ。女湯の扉を少し開けて覗いてみる。古びた木造りの小屋は、長方形の一部屋。棚をしつらえた脱衣所からは、真ん中に大きな長方形の湯船が見える。木の枠を満たす湯は、青緑がかって白濁した色をしている。脱衣所では、誰かが扉を開けた途端に裸を見られてしまう危険があると思ったが、湯に浸かっていれば、体が見えないほどの強い濁りだ。

硫黄の臭いも相当なもので、もしも近代的な機密性の高い建材で小屋が作られていたら、硫化水素によって死ぬのではないかと思われるほどだ。そう言えば、「夜は少し窓を開けて入れ」と注意書きがある。夜間は人がいないはずなので窓を開けて入っても大丈夫という意味なのか、それとも夜は硫化水素の量が増えるので危険ということなのか。時間帯によってその含有量が変化することがあると聞いていた私は、後者なのだろうと頷いた。

夕方になって入山者の姿がもっと少なくなってから湯に入ることにして、さきほど回った境内を、もう一度じっくりと歩いてみることにする。まずは正面の地蔵堂に立ち寄り、立ったまま一礼して、石と岩の高台に向かう。瓦礫の隙間からところどころ硫黄の煙が立ちのぼっている。わずかな時間しか経っていないのに、さきほどより噴出量が増えているように感じる。石と瓦礫の間に刺さって目を射るカラフルな風車。よく見ると、石と風車にマジックペンで名前などが書かれている。

「〇〇ちゃん、戻ってきて〜!」

「またくるからね〜!」

ここでは、人は死ねば無になるなどという、虚無的な空論は通用しない。生きている者の中に脈打つ死者への想いが、この場所ではそんな考えを跳ね返しているからだ。

一本もないだろうと予想していた木は、広い境内を囲むように生えていた。ちょうど火口の縁に当たるのだろうか。土地が高く盛り上がっているところだ。再び、灰褐色と白い石の連なりの間につけられた細い道を抜けて、賽の河原に着く。黄色い筋をなす水から、強い硫黄臭がする。靴を履いていても、地面の高い温度がわかる。強烈な色と臭い、地面から伝わる高温、靴底を長く浸していると溶けてしまうのではないかという恐怖を感じて、足早に黄色の水筋を避けながら先へ進む。濃い青色の水で満たされた宇曾利湖が現れる。手前には白い砂浜が広がっている。白浜と湖を見ていると、海ではないかという錯覚が起こってきた。

大尽山の頂上付近に、なにやらアンテナらしきものが見えた。人工のピラミッドからの連想で、このアンテナもなにか怪しげなこと、例えば宇宙に存在する何者かとの交信に使われているのではないかと空想を膨らませた。この場所では、こんな妄想も自然に湧いてくる。他にも八つの峯が連なるのだが、そのいくつかにも密かにアンテナが立てられている。大尽山では何度もＵＦＯが目撃されていて、山の裏側にある航空自衛隊の基地では、宇宙の何者かとの交信と接触を試みている。近未来ＳＦのような妄想がなんの違和感もなく、頭に広がっていく。

そう言えば、恐山に入ってから一度も、幽霊や霊魂にかかわる想念が浮かばない。もちろん目にもしていない。誰しも霊的な場所を想像し、おどろおどろしいイメージで語られる場所なのに、これはどうしたことだろう。そちらの方の妄想も、もちろん実体も一切顔を出さない。ここにいるのは、生きるものたちだった。硫黄の水筋でさえ、くねくねと曲がりくねって宇曾利湖に流入するその姿は、生きて動くもののように思える。

大尽山を真正面に見て、極楽浜に立った。風が湖にさざ波を立てている。波打ち際を見ていると、まるで穏やかな海のようだ。黄色の硫黄水が流れ込んでいる湖に、ゆったりと水鳥が泳いでいる。強酸性の湯のすぐ傍らでさえなければ、水鳥は生きていけるということなのだろうか。この酸性の湖に棲息している魚は、厳しい環境に適応したウグイのみで、後は湖底にこの湖に固有の藻類が棲息しているだけらしい。美しいけれど、生き物にとっては厳しい湖なのだ。

水鳥の姿を目で追いながら、しばらく時間を過ごす。砂浜に刺されたいくつもの風車と、幾筋かの黄色い川だけが、ここが恐山であると静かに主張していた。浜をゆっくりと歩き、回り込むようにして再び石と岩だらけの高台に登ってゆく。低い土手が続いているところに、小さな墓石のような平たい石版が並んでいる。立ち止まってよく見ると、そのうちのいくつかは表札であった。まるで生きていたことの証明であるかのように、下北のこの地にひっそりと置かれている。表札の人が亡くなった後、住んでいた家は処分されてしまったのか、亡くなった人の表札だけを外したのか……。わざわざ恐山に表札を持参し、この土地に置くことによって、死者に新たな居場所を確保してあげたかったということなのだろうか、ここに死者のための家を建てたということなのだろうか、いろいろに私は想像した。見れば、平たい石の一つ一つにも名前や住所が書かれていたり、戒名が書かれていたりする。

それらの間に、また「蛇に注意！」の小さな看板を見つけた。どうやらここにも蛇がいるらしい。幽霊は遭った経験がないぶん、体感としての怖さが湧かないのだが、蛇の怖さは感覚でわかる。噛みつく蛇、毒をもっている蛇がいることを知っているからである。細い道を、緊張しながら歩く。突然、目の前に小さな生き物がたくさん現れ、アッという間に私の前を横切り、消えた。一瞬のことだったが、それは小さなネズミの集団で、すぐ後から蛇が体を伸ばしくねらせて追う。土手の隙間から、体が半分ほど道に突き出ていて、私の足先をかすめる。全長は三十センチほどであろう蛇だ。「ネズミが餌かぁ」と思わず独り言が口を突いた。体半分を見せている蛇を凝視しながら、数分そこに立ち尽くした。

こんなところにも生死の戦いがあったのだ。
蛇が土手に引っ込んだのをきっかけに、気を取り直して先に向かって歩く。大粒の石が積み重なってできている、周囲からひときわ高い小山がある。頂上には大きなお地蔵さんが立っていて、小山の麓から見上げると、空に向かってそびえ立っているように見える。私はその小山には登らず、麓から地蔵に向かって手を合わせた。周囲に人がいないことをたしかめて……、

オン・カカカビ・サンマエイ・ソワカ、
オン・カカカビ・サンマエイ・ソワカ、
オン・カカカビ・サンマエイ・ソワカ。

私は地蔵菩薩の真言を三回唱えて、先を急ぐ。高台に着くと、宇曾利湖と大尽山が角度を変えて見えた。再び温泉小屋の脇を過ぎて、古びた外観の本堂の中に入ってみる。そこには、噂に聞いていた花嫁人形が棚の上にたくさん置かれていた。よく見ると、花婿人形らしきものもある。奥で、掃除をしている男性に尋ねてみる。

「こういう人形は、どこで売っているんですか」

「いやぁ、売っているんじゃなくて、みんなわざわざ作ってもらうらしいよ」

「作るって？」

「ほら、有名な久月とか、節句の人形の店、あるでしょ？　ああいうところに注文するらしいんだよ」

「だからどの人形も微妙に違うんですねぇ……」

人形は、どれも和風の結婚式を想定しているようである。白無垢の着物を着て、頭には角隠しか綿帽子を被っている。男性も袴に紋付の着物を着ている。何体もあるそれらの頭《かしら》の表情や身につけている着物には、それぞれの想いが込められているのだろう。一体、一体が「私の子どもが花嫁になった姿」を表しているのだ。それが微妙な違いになって現れる。どこかにいる、誰かを表現する、いわば三人称の花嫁ではなく、ここにあるのは一人称の花嫁人形、「私の子ども」が花嫁になった姿なのである。

生きている者にとって、幼い年齢で亡くした自分の子どもは、いつまでも亡くなった年齢のままにとどまるが、しかし一方では、経過した時間通りに心の中に成長し続け、いつの間にか結婚する年齢にまで育っているのだ。親は、結婚適齢期になった子どものために相手を見つけて無事に結婚させる。この物語を、花嫁・花婿人形に具現する。この圧倒されるような具体性は、私たちの心を打つ。また、ある人びとにとってはこの具体性こそが、おどろおどろしいと感じられる要因になっているのではないだろうか。思えば、極楽浜近くの小さな堂にも、故人が着ていたのであろう古着がびっしりと奉納されていた。その中に、新品の服が掛けられているのに目が止まった。きっとあの服も、亡き者たちの成長に合わせたり、季節に合わせたりして新調し、わざわざ恐山まで持参したものに違いなかった。

「死」という抽象的なものではなく、「死者」という実在をこの手に取り戻すための行為が恐山で行われているのであった。「死という概念」を「死者という実存」に転換するためのさまざまな行動によって、亡き人を実体化し、強固につながろうとするのである。積み上げられた石、着物を着せられている地蔵、花嫁・花婿人形、高くそびえ立つ卒塔婆、亡き者が着ていた服と新しい未使用の服、そこここに置かれている風車、そしてイタコによる口寄せなど、そのどれもがこの実体化の行為なのだ。

大切な人が亡くなったという事実を、死者という実在に転換して納得する道を歩ませてくれるのが、恐山であると言えるのではないだろうか。事実をなかったことにして自分を無理矢理おさめてゆくのではなく、「転ずる」という救われ方があるのだ。喪失という概念的な苦しみを感じながらも、死者という実在とかかわることによって、初めて苦しみの意味が変わる。ただただ失ったのではなく、それは苦しく切ないことだけれど、自由に思い出すことも、成長させることも、そしてのちには仏として自分を導いてくれる。喜びの存在にまで昇華させることもできる。実在とつながる具体的な行為が、苦しみから人を解放している。

日常の時間を生きる世間で、こうした転換の行為をするのは、案外むずかしいものである。世間では、死んでしまった者をいつまでも思い出すなと言われ、とらわれるなと言われ、もういないのだからと、「死者」として存在していることさえ否定され、早く喪失の悲しみから立ち直れと迫られる。そのうえ、いつまでも泣いていると、亡くなった人が成仏できないと脅される。死者を追憶し、つながりを持ちたいという欲求は、いけないことだとして阻止されてしまうのである。

誰の視線も気にすることなく、死者を存分に追憶することを赦されているのが、恐山なのである。思い出し、追憶し、生者である自分が死ぬときまで、死者のことを忘れない。この本当の供養が、誰にも遠慮せずにできる場所。大きな声で死者を呼ぶことが赦され、何年でも死者を成長させてあげることをも赦す「心理的な安全」が保障されている場所、これが恐山であろう。世間の習いのように、年に一回、あるいは数年に一回の仏事を行い、後のほとんどの期間は思い出すことさえないというのでは、果たして供養していると言えるだろうか。

世間で言う、霊だのスピリチュアルだの、よくわからないこととは別にして、恐山は死者が集まる場所というより、生者が死者という実在を自分の手に取り戻して強固につながり、思う存分供養できる場所なのだ。言い換えると、生者の想いが形を与えられ、具現される場所、そしてその方法は、具体的な行動によって死者という実在とつながり、死者を少しでも手触りを伴った実存にするということである。

イタコの口寄せは、その具体的な行動の一部として働いており、そこで語られる死者からの言葉という物語は、事柄としての事実ではないかもしれないけれど、物語は「意味と真実」を示唆してくれるものだ。私たちは、これによって救われることがある。恐山には、どれも物語に必要なものが揃っていて、ここに私たちは身を投じ、物語を生きることができるのである。そして、壮大な物語に救われてゆく。

夕方、薄暗くなって人も少なくなった頃を見計らって、私は温泉小屋に入った。ガラリと窓を開けられやしないかと少し不安を感じながらではあったが、強い白濁の湯に浸かって、じっくりと下北の温泉を味わった。温泉の用語で言うと、ここはまさに源泉かけ流しの湯である。高温の、硫化水素含酸性緑ばん泉という、温泉としても立派な湯なのだ。広い境内の薄明かりの中で、たった一人で浸かる強い硫黄の臭いの温泉。古い木造の、味わいのある僻地の温泉を満喫して、食事の時間に間に合うように宿坊に戻った。じきに食事の準備が整ったむねのアナウンスがあり、食堂《じきどう》に入ると、中央の一番前の席に一つだけ膳が置かれていた。脚つきの膳の上に並べられた食器は、すべてが同じ朱赤の漆塗りの器で、一つ一つに寺の紋らしきものが金色で押されている。懐石料理のように上品な色と盛りの食べ物は、どれも美しく、体に優しそうに感じられた。肉が入った料理は一つもないので、肉が駄目な私にも安心して食べられる。若い僧侶が一人、私の横に立ち、箸袋から箸を出して袋に書かれている文言を一緒に唱和するように言った。ふだん自分の宗派で唱えている文とは異なる食前の言葉であった。

ただっ広い食堂に、私一人が残されて、食事が始まった。とても丁寧に作られた食事という印象を受ける。丁寧にという意味は、例えば使われている野菜の一つ一つのいのちを大切に丁寧に扱っているように感じられるという意味だ。美しく、美味しく、優しい食べ物に、心身ともに満足感を覚えながら食べ終わる頃、さきほどの僧侶が入堂して、今度は食後の文言を唱和する。箸は袋に入れて部屋に持ち帰り、明朝食事するときに持参するようにと指示があった。友人が言っていた通り、最終的には自宅に持ち帰れるのだそうだ。箸一膳のことで、私はとてもうれしい気持ちになった。

その日の夜、山門が閉じられて、すでに境内には一人として人がいなくなっていた。空には月明かりがあった。空が高い。六月とはいえ、下北の夜は肌寒い。昨日の講演のために持ってきていた間衣《かんえ》を寒さしのぎのために羽織り、宿坊の外に出てみた。夜の恐山には澄んだ空気が満ち、夜という重々しい闇に蓋をされたような閉塞感はまったくない。「空気が開かれている」という表現が適切かどうかはわからないけれど、広がりを感じるのだ。どろどろした霊的な言葉やイメージは、恐山には必要ないのかもしれない。

誰もいない夜の恐山を、ゆっくりと歩く。入山して三回目の散策である。硫黄の流れができている場所はそそくさと通り過ぎて、極楽浜に着いた。黒い衣を着ている人間が、夜間に境内をうろうろしているのを、もしも誰かが見ていたら、幽霊が歩いていると思って怖がられたかもしれないという想いが、一瞬、頭をよぎった。どうもここに立つと、妄想が湧いてくる。自分が幽霊に間違われるという、この楽しい考えは、私に含み笑いを誘った。夜の宇曾利湖はさざ波すら立っていない。本当の静けさが周辺をぴたっと押さえているようだった。それでも、どういうわけか空気が重くないのだ。

たった一人の贅沢な時間を味わっていると、やがてひんやりした微風に少し体が冷えてきたのを感じる。今度は周回せずに、急ぎ足で宿坊に戻った。宿坊には外湯と同じ硫黄温泉の風呂が設置されている。私は体を温めて寝ようと、内湯に向かった。廊下から見ると、内湯の裏側にも、古い木造りの温泉小屋が見える。これが境内、四つ目の混浴の外湯らしいが、その日は修理中のようだった。内湯にも宿坊全体を覆っている簡素さと実直さが現れていて、豪華ではないけれど、抑えの効いた素晴らしい作りの浴場である。境内の温泉は、どれも一応に硫黄系の湯ではあるけれど、それぞれ微妙な違いがあるらしく、掲示されている紙に書かれた効能が異なっている。この内湯は、外の温泉の色よりは心なしか薄い青緑色で、やはり白濁しているが、白濁の度合いも少し淡いように思える。広い湯船を一人占めすることになって、私はまた、贅沢な時間を過ごす。

翌朝、窓からなのか、玄関からなのかわからないけれど、急に強い硫黄臭を感じて、目を覚ました。朝はガスの噴出が強まるのだろうか。まだ総門は開いていない。私は誰もない境内の温泉に浸かった。朝の空気の中で浸かる温泉は、また昨日とは異なる味わいだ。ここは、宿坊である。ホテルではない。食前の言葉もあれば、食後の言葉もあり、禁酒もあれば、勤行《ごんぎょう》もある。前日に伝えられていた朝の勤行に参加するべく、間衣を羽織って最初に勤行が行われる、本尊が安置されている地蔵堂に入った。このときには、すでに総門も山門も開いており、参詣の人が数人境内に散見された。地蔵堂内部にも、二人の男女のお年寄りが座って、勤行が始まるのを待っている。彼らから少し離れた場所に座り、僧侶が入堂するのを待った。しばらくすると、恰幅のよい僧侶と若い僧侶が入堂してくる。

私を見ると、若い方の僧侶がすすっと近づき、「どうぞ、こちらへお入りください」と矢来の中に招く。間衣を羽織っていたので、僧侶であることは外見からわかるが、恐らく宿泊カードからも、私が真宗大谷派の僧侶ということがわかっていたのだろう。勤行本を借りて見ると、いまだ読んだことのない経であったが、一緒に読ませてもらうことになった。亡くなった人びとを供養するために読経しているという意識は、私にはまったくなかったけれど、なんとも喜ばしい気持ちに満たされていた。「何かのために」という目的とすべきものの一切ない読経は、実に清々しく感じられた。

地蔵堂での勤行の後は、隣の堂に移動する。ここでは地蔵堂で読んだものとは異なる経を読んだ。そして最後に、あの花嫁人形が置かれている、古びた小さな本堂に行く。ここでも、狭い矢来の中で、僧侶とともに読経を続ける。恐山でこのような経験のできることが、素直にうれしい、ありがたい……。本当に有《あ》ること難《かた》しという稀な縁《えん》を、いま、まさにいま、頂戴しているのだと思った。

目的のない読経の潔さ、清々しさを教えてもらったこともありがたかった。何かに対してではなく、自然に頭がさがった。勤行がすべて終わった後に、もう一度じっくり人形を見たくなる。ガラスケースの中に写真が入っている。男の子の写真だ。これが「真実」を表しているということである。一枚の写真が、私を圧倒する。恐らくこの子がいまでは二十歳を越えて、花嫁を娶ったのだ。これが「真実の物語」なのだと、圧倒される。

抽象的な対象や観念的な対象に手を合わせて祈ることは、私たちにはなかなかむずかしい。具体的な対象があって初めて、手を合わせることがたやすくなるという傾向がある。通常は、その対象として仏像があり、仏壇があり、遺骨があり、墓がある。ここでは、さらにもっと個人的な具象を使って死者と確実につながり、実存に転換できるのだ。恐山は、生者の場所だ。生きている者たちが死者という実在とつながるために集まる場所なのである。

原因もなにもかもがはっきりしない突然の夫の死を納得しようと、ここまできたあの患者さんは、きっとここで「抽象的な夫の死」ではなく、たしかに生きて、そして亡くなった「死者としての夫」と出逢うことができたのかもしれない、と私は思った。

ここに着く前に寄り道してもらった六ヶ所村と恐山との対比が、私の頭の中を出たり入ったりしていた。この村には、広大な森林の奥深くに、外部からは見えないように作られた、隠された欲望の建屋がある。本当の目的を隠し、これは人類に貢献する善の行いであると私たち愚かな衆をたぶらかして作られた建造物。欲望を隠蔽《いんぺい》するために利用されてしまった自然を、そこで私は見た。高い塀と堅く閉まって外部からは許可なくしては入れない、隔絶された欲望の建屋。私たちの欲望を、あたかも欲望ではないかのように見せかける世間そのものが、ほかならぬ北の地にある。

原燃施設は欲の産物ではなく、社会貢献であり、人類の発展のために必要なのであるという美しい言葉は、簡単に私たちをたぶらかす。「真実」が表面に現れないように、私たちの口を閉ざさせる「金」が落ちる。私たちの多くは、金に転び、口を閉ざしてしまう。その生き方が善か悪かではなく、私たちはそのようなあり方をしてしまうということである。

一方、亡き人と会いたい、亡き人を今一度この手に取り戻したいという欲望を、北の地の恐山で真正面から表出する人びとがいる。この見えやすい欲望を、ただ凡夫の欲望という言葉で切り捨ててしまってよいのだろうか、と私は思った。ここにくる人びとの想いは、表面に現れている目的や欲を、とうに超えているのではないだろうか……。欲が真正面から表出されるとき、決して次元の高いものとは言えないその欲望が、無目的・無欲に昇華されることがあるのではないか。もしかしたら、それはここ恐山でなければできないことなのかもしれない。

昇華という浄化がなされる場とは、浄土のことではないだろうか……。あれほど多くの木々に恵まれた、広大な素晴らしい自然があるのに、なぜか嫌な気持ちにさせる原燃施設のある森。あの場所では、汚いものが巧妙に隠されている。本来はその存在そのものが浄土であるだろう見事な自然なのに、善を装った人間の仕業のために、間違いなく浄土ではなくなっていた。

浄化とは、汚く、悪いものがなくなることではなく、別の形に転換されることである。だから噂やイメージとは異なり、恐山には想像したようなおどろおどろしさが現れていないのだ。恐山では、恐怖感や嫌悪感はまったく感じなかった。人間のどろどろした欲望を全面的に受け入れてくれる懐の深さを持つ場所、それが恐山であり、欲望を赦すことによって昇華し、浄化させる場の力がまぎれもなくそこにある。生者の欲望を表出させて浄化し、浄土への転換を行う場所、それが恐山だ。

帰路、空港まで送ってくれる住職との待ち合わせまでの空き時間、私は境内を出て、総門横にある食堂に入り、迎えを待っていた。すぐ後に入店してきた中年の男女二人が、テーブル三つ隔てた私の前の席に座っている。声の大きな軽い調子の男性が、店員相手に少しふざけた感じの慣れた調子で話している。

二人が注文した蕎麦がテーブルに届く頃から、男女二人のかわす声が次第に高く大きくなってきた。挙げ句に、とうとう女性の方が泣き出し始めた。見ると、女性はテーブルに突っ伏している。男性は困ってしまった様子で、周りに見られて恥ずかしいという思いもあるのか、薄笑いをしながら大声で、誰にともなく、「俺がいじめて泣かせたんじゃないんですよ～」と言いながら、一方ではしきりに女性をなだめている。少し異様な予想もしない展開に、私は彼らを視界の隅に入れながら、聞き耳を立てた。

「やっぱり恐山は、そういうところなんだよ。泣けばいいよ」という男の声が耳に入ってきた。どうやら女性は、恐山にきて死者のことを強く思い出したようだ。境内にいたときには抑えられていた感情が、店でほっとして気が緩んだ途端に、一気にほとばしり出たように見えた。抑え込んでいた死者への想いが、とどめようもなくなったのだ。数分して嗚咽の声は少しずつ静まり、女性の泣き声は止んだ。

「またこような?」

女性は大きく頷いた。場の持つ力は大きい。恐山でなくても、寺であれ、神社であれ、山であれ、そこに場の力を感じることはいままでにもよくあった。しかし、恐山という場が持つ力には、少し違ったものがある。それは、赦しという大きな緩みなのではないだろうか。悲しく、苦しく、切なく、悔しい想いが、ここで死者と具体的につながることによって、なくなるのではなく、緩むのだ。「転換」という救いが、恐山の力になり、そのことによって千何百年も霊場と言われ続けたのではないだろうか。死者という実存が生者に強烈に作用し、ここでは生者を生かしているのだと実感した。

死んだら人は「無」になると、世間ではよく言われる。無の定義にここで取り組む必要はないだろう。死の先は無というこの考えの定型は、体が失われれば、それ以外に何も残らず、終わりになるといった程度の意味合いで使われているのだろう。私が実感している死者の存在とは、死してなお、生存していたときよりも強力な働きをもって生者にかかわり、生者とともに成長し続けるというあり方なのだ。

私はこれを、仏となった者からの回向《えこう》だと言い換えてもよいと思う。生者が、具体的なものを媒介させて死者と実存的に強力につながる供養をする。死者からの回向と生者からの供養とが、同時に成立している現場がある。そこでは、死者とは、個別の顔と名前とを持った「私の誰々」から次第に、すでに先に逝っている先祖たちも含んだ大きな存在になり、そしてさらに大きな広がりと大きな働きとを持った、個別性を超えた仏になっていくのだ。こう言ってしまってもいい、生者に働き続ける死者という実存が、言葉を替えて言うと、仏なのである、と。

見知らぬ男女の一波乱が治まって、私の迎えもやってきた。

私には、特に話しかけたいと思う死者はいないけれど、何度でもここにきたいと思った。なんとも表現しようのない「霊」と名づけられるような何ものかは、私の五感には捕捉されなかったけれど、それよりも生きている人間を包んで、力をおよぼす強大な環境の凄味に何度でも浸りたいと思わせる場所であった。

恐山という、死者と生者との交差点を渡り切ったところで、信号は赤になった。私はそそくさと、次の場所に向かって歩く。

赤の章

伏見稲荷　過去を赦す毒

三橋尚伸『ダーキニー』

狐の宴会と太い光の氾濫

すでに二十数年は経過しているはずである。現在の住まいに引っ越してきたとき、居間であり、仕事場であり、いつも最も多くの時間を過ごす部屋に、一つの壁面のほとんどを覆うような大きさの絵画を掛けた。縦は一メートルほど、横幅は百八十センチほどもあるだろうか。それは、胡粉の白と墨の濃淡だけの水墨画である。胡粉が表しているのは、梅の花。白い花が満開の、まるで梅林の中にある神社のそこここに猪口《ちょこ》が投げ出されていて、五匹の酔っ払った狐たちが酒徳利を持っていたり、気持ちよさそうにごろごろしている図だ。

左右には奥に向かって鳥居が連なっていて、なんともほんわかとした緩やかな雰囲気が漂っている。「脱力の図」と言ってもよいだろうその絵は、六畳しかない部屋の壁面いっぱいに掛けてあるので、食事をするときも、仕事をするときも、常に視野にはその絵の一部が入っている。絵はガラスの額に収まっているわけではないので、これだけ年数が経つと、地の色は薄茶色に変色して、元の紙色が果たして白かったのか、初めからこのような色だったのかさえわからなくなってしまった。

この絵を描いたのは私の後輩で、彼の父親も水墨の画家であった。水墨画の団体を主宰する、その世界では名の知られた画家である。父親の死後、団体を継承した後輩に誘われて、私も作品を出品するようになった。当時、私の経済状態はとても厳しく、米代にも困る日々を、必死の思いで生きていた時期であった。まだ幼ない子どもを育てながら、いくつかのアルバイトをかけもちして月給と日銭を稼ぐという方法で食いつなぎ、帰宅してからは主婦の仕事をするという毎日だった。親にはその状態を知らせないまま、なんとか凌《しの》ぐ生活を続けていた。口癖は、「疲れた」の一言。体はボロボロになっていた。

私は、彼の作品がとても好きで、手元に置いておきたいとつねづね願ってはいたが、購入する資金もないので、半ば諦めていた。そんな折り、彼がたまたまこんな話をした。押入れの天袋に仕舞い込んである大きな作品がある。それは狐が酔っ払っている図で、ぐるぐる巻いて放り込んであると言う。それを聞いて、ぜひ見せてもらいたいと頼んだ。

彼の家で見たその絵は、モチーフといい、構成といい、私の好みにぴったりと合った。保管が悪く、絵の隅が少し破れてはいたが。

「そんなに気にいった？　じゃ、持って帰ってもいいよ。どうせまた仕舞いこむだけだから」

その絵にいつも接していたい、と私は思った。部屋の壁に飾るには、大き過ぎるサイズであったが……。

「えーっ、本当！　でも、それじゃ、いつか返さないといけないねぇ」

「まぁ、いいって」

「買わせてくれない？　って言っても、いまお金がないけど……」

「だから、いいよ。この絵を好きな人に持っていてもらうのが一番いいんだから」

作者の肩書と絵の大きさから判断すれば、価格は恐らく何十万という単位だろう。もっと桁が変わる可能性さえある。はっきり覚えてはいないが、たしか三万円か五万円を支払ったはずだ。それが精一杯だった。そして、その絵は私の手元にやってきた。

こうして、私の日々の暮らしの風景となったこの絵の作者とは、その後、疎遠になってしまった。多くの場合がそうであるように、些細なことが原因だった。私も出品していた展覧会のときだ。私の作品を買ってくれた彼の友人に、その場で私が多くの時間を割かなかったといって、彼が激怒したのだ。やはり作品を買ってくれた私の方の友人に、私がかかりきっていたというのだった。彼のお客を優先しなかったことで、自分をないがしろにした、と思ったようだった。私たちは、ここですれ違った。

それでも、もはや連絡を取り合うこともなくなったその人の作品とともに、私は日々を送っている。そして、彼への気がかりは、心の片隅から去ることはなかった。折々に、名前をネットで検索したり、風の便りに耳を澄ませたりしていた。気がかりは、私の生活に彼の作品がいつもあるということ、また怒りを買ったままの状態が続いていたことだけからきているのではなかった。

こんなことがあったのも、気がかりの理由の一つだった。彼の家で写真を撮ると、不思議な映像になるという、おかしな経験をしたのだ。彼から奇妙な現象があると聞いて、二人して彼の家で何枚も試し撮りをしてみたが、それらの写真には、不思議な光の流れがたくさん入っている。ここら辺りが一番おかしいと思われた場所は、台所の冷蔵庫周辺だったので、冷蔵庫の前に彼を立たせて撮影してみた。あたかも何かが動いているかのように、あちこちから流れ込んでいる太い光の帯、これがなんなのか。それはわからない。何か原因を特定できるものなのか、ひょっとして超自然的な作用と考えるべきものなのか、それもわからなかった。差し当たって写真をどうしようというわけでもなかったが、奇妙な光が映し出されたという事実は、その後も私の頭から離れなかった。

それから長い歳月を経たある日のこと、ひさびさに水墨画団体から作品展の案内の葉書が届いた。そこには、彼の名とともに「遺作展」と刷られていた。

「えっ、遺作展……」

年下で、そのとき六十歳の年齢であっただろう彼が亡くなった。私は勇気を奮って、葉書に記されていた番号に電話をした。電話口に出た夫人に、折り合いをつけないまま、逝かれてしまったことへの心残りを伝えた。夫人は、他にも喧嘩別れをしたままの人がいたことを告げてくれた。激しやすいところのある、真っ直ぐな人には違いなかった。ともに暮らしてきた絵画の作者の思いがけない喪失感の中で、私は思った。いまも、彼の家には、彼の周囲には、あの太い光が流れ込んでいるのだろうか、と。

天翔るダーキニー（荼枳尼天《だきにてん》）

彼が描いた狐の宴と、その舞台となった神社、これらの題材は、私にもごく身近なものだった。狐と神社、日本においてこの両方を具えている場所は稲荷神社である。私は、初めての土地で、たまたま出会ったにすぎなくても、稲荷神社を見ると見過ごしにできない。これには私の仏教修行の入口と、その頃、私につけられたあだ名とが関係している。

私の、仏教への入り口は、真言宗だった。空海を開祖とする密教の宗派である。始まりは、教義や歴史の勉強であったが、真似事にすぎないにしても行《ぎょう》の一部を修する機会にも恵まれた。素直に打ち込むことのできた、充実した日々が続いた。しかし、やがてそれだけでは満足できない時期がくる。私は、さらに原典に近い経典を勉強したいと望むようになった。一方に、本物の仏の姿を描きたいという想いからでもあった。私の考える本物とは、中国を経由する前の、インドの古語であるサンスクリット語で書かれた経典に登場する仏の姿のことである。

仏教が中国を通過するとき、経典は漢訳された。これはなにも仏教に限ったことではないが、翻訳を介することで、その土地の神観念や倫理観に合わない箇所は読み替えられてしまうことがある。そして、仏の姿もかなり変えられてしまった、と私は思っている。日本の仏像や仏画も、中国仏教の影響下にあって、性別まで変えられた例もある。それが、私には不満だった。インドの経典を読みたいという強い欲求に動かされて、私はサンスクリット語の勉強に取り組むことになった。ありがたいことに、学びの場と先生に恵まれたのだ。

しかし、これは生半可なことでは学ぶことのできない、とてもむずかしい言語であることを思い知ることになる。例えば、名詞は単数形の他に二（双数）という数があり、三以上が複数になっていて、そのそれぞれが語尾変化する。さらに女性・男性・中性にもわかれていて、これも数によって変化する。この言葉と格闘しているとき、まさしく言葉が生きて動いていると感じた。私の能力では、一行の短文を訳すのに一時間はかかる。あまりにむずかしいので、脳味噌は爆発しそうだった。

それでも勉強を重ねるにつれ、私の望んでいた図像にたどりつくために必要なのは経典ではなく、儀軌《ぎき》であることがわかり、次第に儀軌の学びに専念するようになっていった。儀軌とは経典とは異なり、儀礼などの具体的な方法が記され、仏や菩薩たちの表情や着衣などについても詳細に書かれているものである。経典を縦糸とすると、儀軌は横糸とされている。図像を描こうとする者にとっては、具体的にイメージする手がかりになるので、実にありがたいものだ。そして私はここで、密教と出逢うことになる。

密教経典に登場するのは、個性豊かな仏たちである。特に女性の仏たちの中には、裸体で色気も発散していて魅力的な仏がいる。その中でも私が最も惹かれたのは、ダーキニーと呼ばれる女神だった。仏教以前のヒンドゥー教からその存在は出現しており、初期の密教に描かれているダーキニーも、その影響を色濃く引き継いでいる。またダーキニーは、特殊な能力を持つとされる、ある種族の名称でもあって、それはヒンドゥー教での説話と相まって、怪異な伝承に彩られた存在であった。人間と動物との間に生まれた種族で、人肉を食べ、強風を起こして空を飛ぶ、などさまざまに語り伝えられている。空を飛ぶことのできる女性なので、チベットではカンドーマ（空行母）という名前で呼ばれるようになる。しかしどれほどの能力があっても、ダーキニーはいわゆる外道《げどう》（仏教以外の教えを信仰する人びと）と言われる存在であった。

密教も中期に入ると、ダーキニーは大日如来の化身であるマハーカーラ（大黒天）によって調伏《ちょうぶく》され、仏教に帰依したとされることになるのだが、特異な能力は変わらず維持したままであった。古代のインドでは、庶民の遺体は水葬されたり、町から外れた森や林に捨てられ、そこは尸林《しりん》と呼ばれる死体置き場になっていたと言われる。ダーキニーたちの住むところは、まさにこの死体置き場であった。ダーキニーは、人間の死を半年前に予知する能力があるとされ、死ぬまではその人間を守護し、死後に尸林に捨てられた死体からいち早く、まだ新鮮な状態の心臓を取って喰らうのである。

密教の後期になると、その特異な能力はさらに性的な色を濃くするようになる。ダーキニーは、人間の血や精液や心臓などをカパーラと呼ばれる頭蓋骨に入れて飲む悪食《あくじき》の女神として描かれ、ヨーガ行者の修行には欠かせない重要な存在になる。特に行者が、性的なヨーガをするときの相手となって行者を守護するだけではなく、如来の境地に導きもする護法神として描かれるようになる。ダーキニーは人間の「欲望」でしかない性欲を、「如来の大楽」という境地にまで昇華するべく導くというのである。この頃のダーキニーの図像をチベット密教によって見ると、中心になるヘールカ神は明妃《みょうひ》であるダーキニーと抱き合いながら性交し、その周囲も複数のダーキニーに囲まれるように描かれている。なんともあっけらかんとした、明るい仏たちである。そして、次第にその姿も変化し、体人獣頭のダーキニーも現れるようになる。この異形《いぎょう》の者が持つ強大な力が、民衆の中にもともとあった呪術や儀礼などと合体して浸透し広がっていったのだ。

ダーキニー神話は、中国などを経由した後に、日本でもいくつかの神話に語られ、稲荷信仰と混淆して祀られることになるのだが、その姿は本来のものとはまったく異なってしまっている。よく目にするのは、白狐に乗る女性の姿で描かれているものだ。獣の頭を持つ女神、あるいは人間と動物との間に生まれた神という伝承が、少し形を変えながら伝播したのだろう。

私は、ダーキニーにまつわる物語を楽しんできた。その一つ、例えば栃木県の殺生石《せっしょうせき》物語に登場する玉藻前《たまものまえ》は、実はダーキニーであると言われている。殺生石のように、人間の精気を吸い取って殺してしまうという伝説は、ダーキニーの強い霊力が基になって語り継がれてきたものであろう。中国殷《いん》王朝末期の紂王《ちゅうおう》を、その美しい容姿と魅力でたぶらかし、国を牛耳った妻の名前は妲己《だっき》だが、これもダーキニーから変遷してきたものであろう。

この女神は強い神である。空を飛ぶ、人の死を予言する、行者を護る、低俗な欲を仏の境地にまで高める、これらの描像のどれをとってもきわめてパワフルで、善悪双方におよぶ驚異的な能力と言える。だから古来、民間では、この女神を祀り、信仰したら、生涯その信仰を守らなければならないと言われている。万が一、途中で信仰を捨ててしまったら、災難がおよぶと伝えられているほどなのだ。稲荷信仰をする日本人の間で、「強い神だから、途中で信仰を止めてはならない」、「強すぎる神だから、信仰しない方がよい」などと言われているのも、そもそもダーキニーが持っているあまりにも強烈で不思議な力から想像されてのことだろう。

その一方、日本での狐のイメージは、あまりよいとは言えない。古より、人間を騙して悪さをする動物であり、人間の死を予知しうるとも思われていた。狐に、霊的な力を見ていたのだ。人間をも取り殺してしまうほどの強さを、すがるべき神格に求めた戦国時代には、多くの城にダーキニーが祀られるようになる。戦争は、人間を「敵」という名称に変えることによって、殺害すること自体を善行に変えてしまう不思議な行為である。いかに多くの人間を殺すか、そのためにいかに強い力を備えているかで、評価が定まる。ダーキニーの強さと霊力とを味方につけるべく、祀られ、戦いの時代を生き延びるために利用されたのである。平安時代の頃には、天皇は即位に際して、ダーキニーの真言を唱えるという記述も見られる（藤巻一保『真言立川流——謎の邪教と鬼神ダキニ崇拝』学習研究社、一九九九年）。ダーキニーの音をさまざまな漢字に当てはめて、荼枳尼天《だきにてん》・吒枳尼天《だきにてん》・吒天《だてん》という名前に変えて祀られているところが多い。

もともとダーキニーは、インドではアウト・カースト（カースト制度の外に排除された賤民）の種族である。この事情に由来するのかどうかは定かでないが、荼枳尼天信仰は、身分階級を問わず、貴賤の別なく、どのような職業の人にも信仰の対象とされ、広がっていった。一方は殺生を生活の手段とする人びと、また他方には、殺生せざるをえない武士や、常に戦いのただ中にいて権力の首座を守らなければならない天皇を初めとする朝廷の貴族たちに受け入れられていった。

日本では稲作農耕を中心に、定住して村落共同体を形成する生活が早くから定着していたので、豊作を祈る、五穀豊穣の信仰が広がっていた。言葉や音に鋭敏な日本人は、稲の豊作を願う「稲生り」（イネナリ）の音合わせから、「稲荷」へと変遷していったとも言われている。音へのこだわりから説かれているもう一つの説は、食べ物や、生きるエネルギーを表す「ケ」と、「……の」の「の」に当たる「ツ」、そして根の意味を持つ「ネ」がつながった「ケツネ」という音と、狐の音とを重ねて、稲荷の神の眷属《けんぞく》*が狐であると考えられるようになったという説がある。これは単に音合わせだけではなく、生命維持の根源には、「食」が不可欠であるという考えと、狐の霊性の強さとが合体しているのかもしれない。

また、荼枳尼天そのものを神として祀る地域もあって、本来のダーキニーの強さと特殊能力と霊性、それに農耕・食物信仰の五穀豊穣の願いとが結びつけられた。さらには、ダーキニーが尸林《しりん》の住人だったこととも関連して、山岳信仰や陰陽道《おんみょうどう》などにも取り入れられ、多くの信仰と合体・習合した。伏見稲荷では、狐は眷属であるが、「命婦神《みょうぶがみ》」として神と同様に考えられてもいる。特殊な能力はないが、ダーキニーが大好きな私につけられたあだ名は、いつの頃からか「ダーキニー」になっていた。

＊眷属――本来、神仏の使者のことを指すのであるが、多くはその神仏と関連する動物やその姿を借りている超自然的な存在を意味することもある。例えば、蛇・狐・龍などがそれに当たり、神仏に代わって神の意志を伝えるなどとされている。彼らは神と同様に人間を超える力を持つと考えられていたため、「眷属神」として祀る神社もある。仏教では、さまざまな菩薩などに対しても用いられて、薬師仏における十二神将や不動明王の八大童子、千手観音の二十八部衆などを指して眷属と言われることもある。

密教　生と死の宇宙図

京都に行くたびに、私は伏見稲荷を訪れるようになっていた。狐を見ると、胸が躍るのだ。朱赤の鳥居を見ても、胸が高まる。目指すのは、白い狐と朱赤の鳥居である。朱は古来、日本にある重要な色素の一つで、木や肉体などの有機物が腐るのを止め、虫食いを防止したりする効果があるとされる硫化水銀、辰砂《しんしゃ》で作られる色である。硫化水銀は、もちろん毒である。毒によって虫を阻み、腐敗を阻止するこれらの色素の毒性は、そのままでは大して強力ではないけれど、水銀の基にもなる毒物なのだ。毒が持つ怪しげな陰の力とは、きっと古代からなんらかの力を発揮し、人びとに利用され、存在感を放っていたのだと思われる。「毒」という言葉の響きだけで、私はある魅力を感じる。辰砂の毒は、微量を漢方薬として使用され、仙道では不死薬の一つとしても知られてきた。どこかしら狐の強い霊性と重なるといった暗示の効果もあるような気もする。

鳥居の朱赤と狐の白との対比は、私の感情に揺さぶりをかけ、興奮をもたらしてくるようだ。例えば、治療に使用される電気治療器の電磁波によって、弱い電気が体内を流れ続けると、次第に患部に熱をおよぼすのと同じことなのかもしれない。感覚では捕らえられない刺激が、実は私たちに力や熱感を与えているのと似ている。

稲荷という駅のすぐ目の前が、伏見稲荷の参道である。私は古い友人に会いに行くような気持ちになって、頭を下げてから参道の端を歩き出す。心は躍っている。堂々と立派な

神殿の前に立ち、心の中で訪問の挨拶をしてから、稲荷山に入った。山の入口から、鳥居が数十センチ間隔で並ぶ。千本鳥居と呼ばれ、延々と重なり合うようにして連なる朱赤の鳥居は圧巻だが、朱塗りの、この毒の色に怪しげな魅力を感じている人が、どれほどいるだろうか。ここからは、鳥居のトンネルの下をひたすら歩き続けることになる。

鳥居には、それぞれ奉納した人や会社の名前が書かれていて、多くの人びとの想いがここで実ったのだと知らされる。ここにくると、なぜか私の心は急《せ》いて、山の奥へと早く向かいたくなる。結果として、先を歩いている人びとの横をかなりのスピードで追い抜きながら歩くことになる。散策、観光、デートコースとしての稲荷を、人びとはゆっくり歩いている。物見遊山の場と化した稲荷山が、果たして本来の稲荷なのかどうかは問わない。しかし、ここを歩き続けていけば、嫌でも次々に目に入る鳥居の連なりとそこに書かれている名が、何かを感じさせてくれるだろう。下社《しもしゃ》に着く手前辺りから、鳥居が途切れる。そこから先が、いよいよ稲荷山を周回するコースになっている。

ある場所までくると、突然景色が変わる。数知れないほどの鳥居が奉納され、連なっているのは同じなのだが、その鳥居の一つ一つのサイズが小さく、墓石のようなものの前に置かれているのだ。大きな鳥居の下を歩くのではなく、アップダウンする狭い道の右側に墓石様のものと多数の小さな鳥居とを見ることになるのである。ほんの少し道を外れて墓石の間を入ると、そこには小さな行場《ぎょうば》がある。まるで隠された場所のようにも感じられる。そこには細い滝が落ちている。篤い稲荷信仰を持つ人びとは、ここで人知れず滝行をするのだろう。ここで行われる行《ぎょう》は、禅の行とは目的とするところがまったく異なっていると思われる。開かれてはいないその行場は暗く、湿度を感じさせる。世俗からの解脱・得

悟を目指す禅的な行の、崇高であろう目的とは別に、そこの薄暗さと湿度とは、私に淫靡《いんび》な欲を想起させた。後期密教の「秘密集会《ひみつしゅうえ》」という言葉が浮かぶ。インドの古い時代であったなら、この山がどのような意味を持つことになるのかと、私の妄想は膨らんだ。

樹々の中、人びとは死体を捨てに山に入り、そこでは夜になると行者とダーキニーと呼ばれるヨーギニーとで飲食をし、性的なヨーガを行い、「仏の大楽」を目指す。この場では、俗なるものの本性は本来清浄であり、煩悩に覆われているから不浄なものになっていると考えられており、俗と聖、不浄と浄という分別を、ルールに則って体系化し、教理と連動させた上で、ヨーガという身体的実践によって超えることを求める。本来の清浄なる境地、「仏の大楽」にまで昇華させようとするのである。釈尊が説かれた浄へと向かう厳しい修行は、貪欲《とんよく》などの煩悩を滅することを目的としているのだけれど、後期の密教では、そもそも貪欲もなく、したがって離欲もなく、その中間もないとする空《くう》の思想が根底にうかがえ、この現生の間に仏の境地に至ることが究極の目的に変わっていった。

釈尊のように厳しい修行もできず、何度も生死を繰り返して仏に成る道をしぶとく歩むこともできず、かと言って短時間でさえ自分の煩悩を制御することもできずに、いますぐに助かりたい私たちには、仏教のこの変化の出現が必然だったのだろうと思う。人を選び、時代や条件を選ぶ、釈尊の説かれた解脱のためのむずかしい成就の方法は、より多くの人びとを救うために変化せざるをえなかったのだろう。

それでも、行者としての資質を問われるのが、密教でもある。のちに紹介する知り合いの僧侶のように、自分の行いを厳しく問い、さらなる行を自らに課して境地を高めてゆくことは、誰にでもできることではない。そこで、呪術性や反社会性の強い部分を排除し、しかし厳しい修行も長期間の歩みもできないという私たちのあり方はそのままに残して、すべてを阿弥陀仏の成仏物語に託した浄土思想が出てきたことに、私は究極の救いを見る。

死者がいるということのシンボルになる数多くの墓石。鬱蒼と茂って太陽を拒む樹々と山。名誉欲や金銭欲が露わに記されて、一万基を越えると言われている朱の鳥居の群れに、白狐。場の設定は上々であった。

いつの間にか、同じ道を散策する人びとのことがまったく気にならなくなっていた。私はダーキニーの妄想に浸りながら、細い道を進んだ。妄想を働かせるのも、早歩きのままである。小さな鳥居に記されている会社名を横目で見ながら歩いていると、いまでは五穀豊穣よりも、社運上昇や経済的利益などを望んで信仰しているらしいことが想像されてくる。まさに世間的な現世利益《げんせりやく》そのものを願ってやまない人間のストレートな欲望が、この小さな鳥居の数に感じられる。私の頭には「欲望のるつぼ」という言葉が浮かんでいた。人間の欲は、すごいエネルギーを持っているものである。赤く塗られた鳥居の群れは、そのエネルギーの強大さをしのばせ、強力なエネルギーは性欲にも重なり、これこそが生存欲に違いない、と私に思わせた。ここには、穏やかという言葉の正反対、湧き上がり、怒涛のように渦を巻く、生きているいのちを連想させるものがある。私の心が急き、躍るのは、この場所が持つ強大なエネルギーのせいなのかもしれない。ここに現れている人間の強烈な欲望を、ダーキニーの行によって転換し、仏の境地にまで昇華させる、ここはそんな特異な場になっているのかもしれないと思った。

世間では、「欲」を「目標」というきれいな言葉に変えて、肯定しやすい形を作る。目標に向かって努力し頑張るのは、善きことになるのである。言葉を換えれば、自分の欲を満たすために努力し、達成できたら、高い評価が与えられる。物欲・名誉欲・支配欲・性欲など、そのまま目の前に出されたら汚く見えるような欲は、世間ではきれいな言葉で隠される。

反対に、仏教は、あるがままの自分に目覚めよ、と教えてくれる。その自分自身さえ、穢《けが》れのないきれいな私という妄想がさえぎって、あるがままの私は見えてこない。少しは悪いところもあるけれど、そんなに悪人ではない私というところに終始してしまう。大方は、「私の中の煩悩（煩わし、悩ませる毒）」がときどき顔を出すという程度の自己評価で収まってしまうのではないだろうか。ところが、浄土から教えてくるのは、「私が煩悩であった」という厳しい自己評価なのである。この私が、煩悩でできているのだ。煩悩の根っこにあるのが貪欲なのだから、欲を別の言葉で飾ってきれいごとに見せかけても、欲は欲以外にはならない。この稲荷では、欲が正直に直截《ちょくさい》に表に出ているように感じる。毒である欲を、毒の朱が制している。

世間で行われている一見きれいに思える言葉へのすり替えは、欲を隠しはするけれど、私には嫌悪すらもよおさせる。

初期の密教を引き継いで、日本において独自の発展をとげたのが、真言宗である。この宗の行《ぎょう》は、やはりパワフルで、その場にいる人びとにも力を与えている。私の友人に、大きな祈願寺の住職がいる。彼はずっと病気と宗教・儀式との関係について真剣に考え、実践もしてきた人である。私は自分のクライアント（相談者）さんに生きる力が足りていないと感じたときには、一緒に彼の寺に行き、護摩行《ごまぎょう》に参加することがある。数人の僧侶がつばきを飛ばしながら大きな声で経や真言を唱えている姿を見ると、なんとか治してあげたいという本気の強い想いが直接伝わってきて、なんともうれしい気持ちになるのだ。これが病人であったなら、心の底からありがたいと思うに違いない。その証拠に、お堂いっぱいに参列している病気の人びとやその家族たちが泣いているのを、何度も私は目にした。悲しい涙ではない。感涙なのである。

あるとき、彼の方から相談にやってきたことがある。自分の身近な人が厳しい病気になってしまった。これは自分が仏に対して何か失礼なことをしたのではないか、と本当に苦しそうに話した。修行がいい加減になっていたのではないか、生活が乱れていたのではないかなどと、仏への礼を失したかもしれない原因を苦悩しながら必死に探していた。その姿は実に真剣で、自分の行と教えの力とで本当に病気を治すのだという信念と、病気にさせてしまったという申し訳なさとが、強く伝わってきた。

「この人は、本気だ……」

彼は本気で教えを信じ、行じようとしている。私は彼の苦悩を聞きながら、恥ずかしい想いを抱えていた。私の宗派の僧侶のうちの何人が、ここまで本気で自分の宗の教えを信じ切って生きているだろうか。そう思うと、自分の身を振り返っても情けなかった。仏道を歩む仏弟子としての名前をいただいているのに、自分は仏道とはどれほど遠いところをいい加減に生きてきただろうか、と思い知らされるような時間だった。

その日からはかなり前のことだが、私の家に近い幹線道路で、偶然彼と出会ったことがある。秋に近づいてはいたはずだけれど、日中は、まだまだ真夏の暑さが残っていた。その炎天下で偶然に出会ったのだ。駅に向かって歩いていくと、前方から十人ほどの異形の集団が近づいてくる。異形とは、その服装が普通ではなかったことと、十人の顔色が揃って異様に赤黒く見えたことからくる印象であった。全員が白の法衣に黒い布をまとい、足には脚絆《きゃはん》代わりのロング・ソックスに運動靴。頭は手ぬぐいのようなもので覆っていたという記憶がある。写真などで見る修験者、山伏の姿に似ている様子で隊列をなし、なにやら声を発しながらグングンと近づいてくるのである。目の前にまできたとき、私は驚いた。あの友人の僧侶の顔を見つけたからである。他にも、何人か知っている顔があった。皮膚の色が異様に見えたのは、長い時間をかけて日焼けしたうえに、絶え間なく汗をかいていたからだろう。赤銅色と言えば美しいけれど、皮膚は悲惨な状態に見えた。お互いに相手が誰だかわかった途端、その顔がほころんで崩れた。

「あれーっ！　こんなところでどうしたの？」

「四国から御法灯を運んできたんですよ」

そう言うと、私の方へランタンのようなものを差し出した。

「えっ！　まさか四国から歩いてきたの？」

「そうです。着ている物も、ドロドロでしょ？」

「ホント、すごい状態ね。顔の皮膚もひどいねぇ」

彼らは四国から歩いて東京に向かっているところだったのである。行程は十八日間。高野山の奥の院に灯されている「貧女の一灯」と言われている法灯を分灯して、徒歩で東京の別院に持ち帰る途中だったらしい。彼は、「こんなことは八千枚の護摩行や千日回峰行に比べたら、まだまだですよ」と言いながら、いつもどおりの大きな声で豪快に笑った。

「この灯りが苦しんでいる人を助けたら、うれしいでしょ。その人が助かったら、仏さんだって喜ぶでしょ？」

そうだとしても、私にはできない。私だったら、大事な不滅の法灯を遠方に移動しようとする場合には、どうするだろうか。恐らく初めから車で運ぶ方法しか考えないのではないかと思う。彼らにとっては、生活のすべてが行になっているのだと思うと、自然に頭が下がる。

そもそも僧侶が経典を読誦するとき、まずは経典という確固とした聖なる言葉があって、次に僧侶がその言葉を繰り返し声に出して読むことにより、教えの内容を再確認したり、自分の信心を強化したりするという側面がある。さらにその声を聞く人びとには、信心の深浅にかかわらず、そこから日常を超えた感動が伝わることもある。経典、読誦する者、聞く者の三者が合一して、一種独特の宗教的高揚感を味わうことは事実としてある。この場合、経典と聞く者とをつなぐ、「間に立つ者」として、僧侶は非常に大きな役割を果たすとともに、その責任も重大である。

煩悩に縛られている私たちは、日常のままに生きているだけでは何も変わらない。僧侶たちは、厳しい行を自分に課すことによって、煩悩をわずかでも小さくし、経典の内容を証したいという想いに駆られているのだろう。過去に行のほんの一部を修したとき、逆に煩悩の方がうわ手になってしまい、私は天狗状態に陥ってしまった。これは煩悩を制御するほどの本気の行ではなかったからだし、結局は真似事で終わったということなのだろうと思う。どこまでいっても中途半端なことしかできず、取り組もうとすれば、むしろ煩悩が盛んになって天狗になってしまう私が歴然と見えたとき、私は行を、阿弥陀如来の成仏物語に任せた。
彼ら、真言宗の僧侶たちの行為を見ていると、行じる者の根底に、教えに対する心からの信頼のあることが伝わってくる。あるいは信心と言い換えてもよいかもしれない。そこに心からの帰依のあることが、彼らにとっての大前提になっていると感じられる。読誦する者の、教えに対する信頼の深さが、聞く者に影響を与え、ある効果として働くことは大いにあるように思える。このことの重大さを知り尽くしている彼だからこそ、あれほど真剣に悩み、苦しんでいたのだろう。それは、行を放棄した私には考えもおよばない、深い痛切な苦しみに違いない。対座する私に苦悩を訴えたときは、いまにも吐いてしまいそうな様子ではあったけれど、傾聴する時間が過ぎて、果たして答えが見つかったのか見つからなかったのか……、彼は少し落ち着いて帰って行った。

護摩行での僧侶たちの想いの強さは、読経する声の大きさにつながり、腹の底を叩きつけてくるような大太鼓の音も私たちに力を送ってくれる。太鼓が鳴り、錫杖《しゃくじょう》がカシャカシャ・シャンシャンとリズムを刻みながら鳴り続け、ときには鐃鉢《にょうはち》がバシャーンとシンバルのような激しい音をたてる。それだけではない。護摩木を燃やすときには、さまざまな穀物も火の中に投げ入れるので、パチッパチッと爆《は》ぜる音も加わるし、火が燃え盛れば炎の音もする。煤で黒くなった天井まで届くような炎は、瞬時に形と色を変えながら、目の前を激しく動き回る。消えかけていた生きる力は、いやおうなしに復活するのである。目と耳に伝わる振動は、まるで電流のように体の芯まで届いて揺さぶりをかけ、まさに電磁波が体を熱くし、筋肉まで動かすように、これらの行とそれを行じる僧侶の本気の想いとは、弱った心身を動かして、生きようとする力を、生命力を復活させてくれるのだ。

読誦する者の教えに対する絶対の信頼、さまざまな音の交響が高揚を誘う効果、色彩が視覚に訴える効果、そして教えと僧侶に対する聞く者の側の強い期待とが合一する「場」の持つ力は、私たちがよく経験するところでもある。強い想いは、「念」とも言われる。念は人にも届いて、強い影響を与える。行が終わって参列者の方を向いた僧侶の衣には、飛んだ火の粉で焼かれた穴がたくさん開いており、その顔の皮膚は真っ赤に焼けてしまっている。

病気で心身ともにエネルギーが枯渇していたり、生きてゆくエネルギーそのものさえなくなってしまった人びとが、このような力強さを求める気持ちは、本当によくわかる。ダーキニーほどの強さはないとしても、五感に直接訴えるこのような「場」があることは、病める人びとや苦しむ人びとにとっては、とても心強いものになっているのではないだろうか。そして、真剣に人を助けようとする僧侶の強い想いも、きっと参列者に届いているのだと確信する。たとえ、現実に病気が治らなくても、死ぬときを先に延ばすことは無理であっても、自分のことを心底、心配して、真剣に力を貸そうとしてくれている人がいる。これで人びとは救われるのだ。

薄暗くなって人がほとんどいなくなった稲荷の山を、今度はゆっくりと歩きながら、水墨画の作者である、亡くなってしまった後輩のことを思い出していた。彼は私以外の人とも自我をぶつけ合って、ときには関係を壊してきた。彼と同じく、好き嫌いの激しい私は、通常であれば、それでその人との関係も終わり、興味も皆無になっていただろう。しかし、彼のことはずっと気がかりになっていて、折々にネットで動向を検索していたという事実がある。なぜ、だろう。大きな作品が、いつも目の前にあることだけが原因ではなさそうだ。それは、心のどこかで知っていた。

稲荷の山からの戻り道、緩い坂をとことこ降りながらの想念は、リズミカルに動く。足を一歩ずつ土に降ろすたびに感じる小さな衝撃が脳を刺激して、次々に思考を先に進めてくれるのだ。私はとうとう気になっていた根源にあるもの、根っこにわだかまっているものに行き着いた。それは、折り合いをつけられないまま関係が途切れてしまったという、意識のうえで薄っすらと感じていたことなどではなかった。私は長い間、彼に「借り」を感じていたのだ。それは、本来ならば支払うべき正当な代価を支払わずに、作品を私のものにさせてもらったという「借り」「負い目」の感情だった。私はこのことに気がついた。たしか当時から、私に金銭的な余裕ができたら、そのときには正当な代価とまではいかなくとも、不足分を少しでも補いたいと思っていて、その想いは伝えていたような記憶がかすかにある……。幸い、いまの私は米代に困るような日常を送ってはいない。それなのに、借りを返済する機会を失ったという理由をつけて放置してきたのだ。その存命中には、話し合いも折り合いもつけられなかったけれど……。いまは彼の作品を守っている夫人がいて、小品展を開いている。一度、勇気を出して行ってみようと思った。

独りで歩く稲荷の山は、本当の私の気持ちを知らせてくれ、二十数年前にやり残したことを収めるのはいまからなのだ、と背中を押してくれた。稲荷の山の力と、鳥居の激しい朱は、明るく私の過去を赦した。

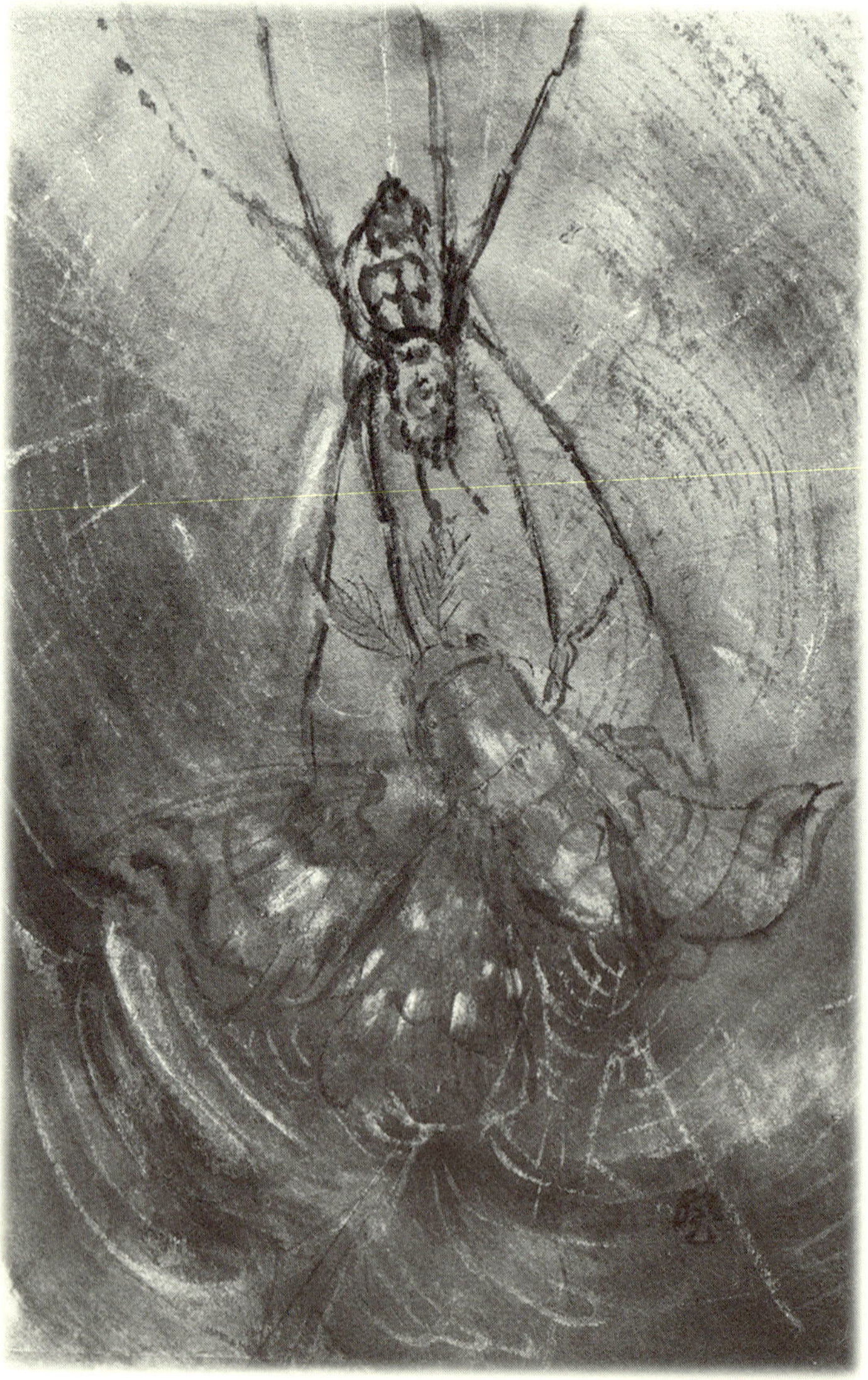

三上登『昆虫宇宙』

いま、大きな狐の作品の横には、小さな水墨淡彩の作品が掛かっている。彼の作品群の中でもとりわけ大好きな昆虫の絵である。十×十五センチほどの小さな画面に、淡く蜘蛛の巣が描かれており、巣にかかった蛾が、いまにも女郎蜘蛛に喰われようとしている。生殖のための捕食であり、自分のいのちをつなぐための捕食であり、他を生かすための死である。生死のすべてが、小さな葉書大の紙に示されている。性的なイメージさえ伴う生と死の図。『昆虫宇宙』と名づけられているその作品が、あれからいつも狐とともに私の前にある。広大な宇宙が、そのまま究極の微細な細胞であり、小さな個別の細胞が、即宇宙であるという壮大な合一のイメージ。どんなにささやかないのちであれ、いのちを貴と賎で分別することなく、大いなる存在に合一していると考えることが、まさに密教的である。これは、捕食と死という生き物の身体性が表現されている「生死の宇宙」の絵だ。

青の章

モンゴル草原　あるがままの生と死

いのちと交わる

「いただきま～す！」こう言ってからご飯を食べなさいと親に言われ、学校でもそう教わったことを記憶している人は多いだろう。この言葉を口にしながら、両の手の平を合わせて合掌の形を作り、ぴょこんと軽く頭を下げる。これは「型」である。「型」になって、本来の意味を失った。周囲に他人がいたら型通りにやり、一人の場面ならそれを省いて食べ始めることもある。食事が終われば、また型通りの「ご馳走さま」と合掌の形で締めくくる。ここでは食べ物になる前のいのちのことは、どこかに消えてしまったように私には見える。

生者を生者として存在させるために他者のいのちを必要とすることは、生者の業《ごう》である。業と言うと、その背後に目に見えない何か恐ろしい存在があるかのように感じるが、これは自分自身がその束縛から一歩も離れられない身であるという意味だ。何に束縛されているのか。それらは仏教では、六つの毒あるいは煩悩という言葉で説明される。その基本にあるのが、貪欲《とんよく》である。死者と強力につながりたいという想いも貪欲であり、現世利益《げんせりやく》や自分の都合に合うものを求めてやまないのも貪欲である。これには軽重の差があるかもしれないけれど、私たちは貪欲でできているということが、この身の証明している真実であり、事実である。

貪欲は次に瞋恚《しんに》という縛りを生む。私たちはいのちに優劣・是非・善悪をつけて分別し、劣・悪・否の場合には怒りを感じて憤怒する。また、ことさらに自己否定をして悲しみに浸る。いのちを口にしている最中、これは不味い、食えたものではないと怒り、捨てる。嫌な人や不都合な出来事に出遭えば憤って、その縁《えん》と関係してしまったことを厭《いと》う。これらに縛られているのが、ほかならないこの私で、私もそこで生きているということを知らずに、私という存在を高みに置き、自分は正義であるという認識を少しも疑うことなく生きている。それを愚痴と言うのだ。世間では、思わず口を突いて出る、どうにもならない些事の語りを愚痴と言うが、まさに愚かさは私の身から漏れ出し、垂れ流されているのだ。そのことにさえ気づかずに生きている。

他の生き物のいのちを食べるのは当たり前で、そんなことにこだわるのはおかしい、とよく言われることがある。いのちを食べることに問題があるのではない。いのちをどのように思い、いかに扱っているかが問題なのだ。私には、それが突き刺さってくる。

ある年のことである。私の心の中に「馬」が入り込んで、住みついた。どうして馬なのか……。それを語るには、少し前の事情にさかのぼる必要がある。そのことがあった数年前まで、私は大きな犬を飼っていた。ボルゾイという犬種で、四肢が長く、胸が深くてお腹は細い。狼を狩るために高速で走るので、それに見合う大きくて強靭な肺が必要だから、胸が異様に深くなったと言われている。横から見ると、大きな肋骨に支えられた厚みのある肺の部分から、体の割に小さめの消化器が入っているウエスト部分に向かって、きゅーっと体の線が上がっている。真正面から見ると、体の幅の薄さは驚くほどだ。背骨はなだらかにゆったりと湾曲し、顔はと言うと、長くて高い鼻が特徴的で、鼻梁は少しだけ隆起している。毛の色はいろいろなのだが、私のボルゾイは、白地に茶の大きな斑が何カ所かにあった。胸の毛と尻尾の毛はずいぶん長く、立っていても地面にとどくほどである。四肢の関節部分には、長い飾り毛がある。顔の高貴な感じと長毛が、この犬の優雅な外見を作っているのでないかと思われる。ところが顔や背中の毛は短毛なので、長毛と短毛のコントラストが、優雅さとは逆に、可愛らしさも醸し出している。毛の手触りは、柔らかいけれど強いという印象を与えるもので、犬の世界では絹毛と呼ばれている。

彼は八歳の頃から、免疫介在性疾患を発症し、さまざまな場所に激しい症状が出始めた。初めは血便を頻繁に繰り返すひどい下痢からだった。近くの獣医師では下痢のコントロールができず、散歩のときには大量の液状便への対処に、新聞紙を広げながら歩くといった悲惨な状態が続いていた。尻の周囲だけではなく、肩からわき腹にかけても広範囲にわたる潰瘍性病変がいくつかでき始めて、そこからも体液が漏出する状態になった。超大型犬であるボルゾイを診察したことのある獣医師がなかなかいないうえに、難治性の病気に詳しい獣医師も多くはない。そこで、別の動物病院へと転院すると、症状などを考えた獣医師は、原因もいまだよくわかっていない免疫不全が関係している免疫介在性疾患だろうと診断した。これはやっかいな病気で、ステロイド剤の大量投与が必要になるとのことだった。

潰瘍で大きく開いた数カ所におよぶ皮膚の穴は、単に縫合するだけではまた組織が崩れてしまうが、それも広範囲の潰瘍だったために縫合することすらできない。このような理由で当時再評価されだしていた皮膚再生治療の「湿潤療法」を開始した。組織を再生する働きのある、漏出する自分の体液で傷口を覆い、皮膚を乾かさずに湿気た状態にしたまま再生を待つという方法である。漏れ出た体液をそのままにしておくという、一見汚く思える治療方法である。傷口が腐ってしまいそうに思える。

それまでの常識の逆をいくような方法で、素人の私は少し不安と恐怖を感じていたが、最悪の状態も覚悟して獣医師の指示に従い、自宅でも日々湿潤療法に準じた手当てを繰り返した。傷の手当てと同時に、ステロイド剤の投薬も続いた。発症の基礎にある自己免疫性疾患のために、傷がすぐによくなることはなかったが、次第に下痢は収まった。あのままだったら……と思うと、いのち拾いした思いであり、それが不思議であった。なかなか手強い肩口の大きな潰瘍は、壊死《えし》した部分を取り除き、開口部にＰＲＰ（多血小板血漿療法）という新しい治療を開始することになった。いまならあちこちの美容外科で、皮膚を若返らせる再生療法などとして、当たり前に施されている方法である。

治療では、まず犬の血液を採取し、その中の血小板だけを分離して活性化させる。すると、見た目には柔らかいゼリーのようなふるふるした感じの半透明の物体ができる。これを潰瘍部に貼りつけてから、傷が直接硬いものに当たらないように獣医師手造りの小さなドーナツ・クッションを当てる。そして、大きな犬の体をテープでグルグルと巻き、湿潤療法を続けるというものだ。ＰＲＰ療法は、皮膚が再生する際に、組織を修復する働きが強化され、傷の回復を促進するとされている。作業を行う間には、腎臓をケアするための点滴もするのだが、犬はそれをほとんど苦にしていないようだ。彼は具合がよくなることを実感しているのだろう。病院に着くと、さっさと奥の点滴室に行き、そこに敷かれているマットの上にのびのびと体を横たえて、点滴が血管に入るのを待っている。一時間以上はかかる点滴中、彼はじっと横になって治療を受けていた。暴れることは一度もなかった。何カ月かの時間はかかったけれど、いつしか傷の外縁からじわじわと再生した皮膚が寄ってきて開口部が縮まり、傷は新しい皮膚に覆われて完全にきれいに閉じた。ステロイド剤を少しずつ減薬しても、再びあのひどい血便の下痢に戻ることはなかった。

いかに最新の治療を施したとしても、超大型犬の平均寿命は十年ほどである。彼は次第に弱って歩けなくなり、十歳になる一カ月前に亡くなってしまった。難病を抱えた状態での十歳は、見事に頑張ってくれたと言うしかない。

彼と散歩するとき、私はときどきその背に手を触れながら歩いた。脚の長いボルゾイなので、普通に歩いていても、ちょうど私の手が犬の背中に届くのだ。いつも手に、彼の背中のスロープと歩様の揺れを感じながらの散歩だった。

家では、私の大好きな高く長い鼻を愛で、甘えん坊の彼がおねだりする抱っこに応えていた。私が椅子に腰かけると、彼は斜め後ろ向きになり、膝の上に向かって尻を突き出してよじ登ろうとする。他の犬が私に抱かれているのを見て、自分も同じようにしたいと思ったのだろう。しかし、彼の脚は長く、私の膝下よりもさらに少し長いのだ。私が抱っこしても、彼の脚は床に着いている。そして、かろうじて尻は私の膝の上にある。これが彼と私の抱っこだった。後ろ足で立てば私より少し大きく、体重はほぼ同等なので、その存在感は人間が一人いるのと何も変わらない。その存在が、私の前からいなくなったのだ。私の手や肌は、彼の感触を覚えている。独特の重さも手に残っている。なだらかな隆起のある鼻筋、背中のスロープ、絹毛特有の柔らかさと強さ、すべてが残っていた。それでも日の経過とともに手の記憶は薄らいでいく。その薄らぎに抵抗して、わざと思い出すようにもしてみた。散歩のコースはいくつもあったけれど、なかでも最後の桜を見せようと、近所の大学構内に行き、桜をバックに写真を撮った場所や、後肢と腰がよれよれになっても歩いていた家の周囲を、彼の感触を意識して思い起こしながら歩いた。

「虫愛ずる姫」とひやかされるほど、私は小さな頃から虫や動物が好きだった。周りにはいつも生き物がいた。幾度も犬を拾ってきては育てた。犬とともにある生活は、戦後育ちの多くの人が見た風景とほとんど同じであろう。番犬として外で飼うのが当たり前で、おまけに予防注射などはなく、最後は蚊が媒介するフィラリアで死ぬというケースが多かった。その病気になると、心臓に寄生する虫によって次第に弱り、腹水が溜まって咳が出始めたら時間の問題という経過をたどるのだった。

餌は人間の食べ残したものがほとんどで、たいていは残りご飯に味噌汁をかけただけのものだ。栄養のバランスや、犬に害になるものことなどまるで考えることもなく、ただ空腹を満たすためだけの餌であった。いま思えば、塩分の過剰摂取によって、犬の健康は損なわれていたであろう。六歳くらいまで生きれば普通の寿命と言われていた時代である。それが今日では、人間同様の問題に彼らも当面している。寿命は延びて、成人病に相当する病気や認知症、果ては寝たきり状態での老犬介護の問題まで登場する時代になった。いつも動物とともにあった来し方を振り返って、この変化に私は首をかしげる。いのちを生きる者にとって、いったい何がよいことなのか、と。

処分されるいのち

私は考えていた。六十歳に手が届くのに、またボルゾイを飼うのは無理だろう。力も負けてしまうし、ましてや寿命の問題がある。私が先に逝った場合、かなりの年齢となった超大型犬を引きとって養ってくれる人は、まずいない。

「あの感触に近いのは、なんだろう……」

そう言えば、散歩のとき、よく子どもたちから「あっ、お馬さんだ！」と言われたのを思い出す。たしかに小さめの子馬ほどの大きさがあるボルゾイは、鼻の長さや四肢の長さからしても、馬と間違われることがあった。鬣《たてがみ》はないけれど、そんなことまで人は見ていない。全体像を大づかみに、イメージとして認識している。「馬かぁ……」。それまでなんの縁もなかった「馬」が、私の心の中に存在し始めた。

「ポニーなら飼えるかなぁ、無理だよなぁ。それだったらまたボルゾイを飼うのと一緒だもんなぁ……。うちの庭なんて通路ほどしかないから、馬小屋も建てられないし、草も調達しなけりゃならないし、第一、馬を診ることができる獣医師が近所にはいない」

ふと気づくと、馬との生活を心に浮かべるようになっていた。実現不可能な妄想には違いなかったけれど、これによってボルゾイの喪失感は少しだけ癒されてもいたのだった。ある日、届いたダイレクト・メールに、乗馬が安く体験できるという勧誘の文句を見つけた。私の中で、何か激しく動くものがあった。ただただ馬に触りたかった私は、すぐに申し込みをした。

実際に触れた馬の、がっしりと太く大きくて長い鼻、それに比べてその鼻先がふにゃふにゃして柔らかいのだ。馬の鼻は、犬の鼻とはまったく別の作りになっていた。顎の骨の立派なこと！　太い頸筋も四肢のつけ根も、まるで筋肉の塊のようにそこにあった。私はたった一回の接触で、馬の虜《とりこ》になってしまった。

馬に触れ、乗るという体験は、私に火を点ける結果になった。だが、もともと乗馬が習いたいから体験したわけではない。くどいほどのクラブへの入会の勧誘を断り、フリーの身で馬との時間を楽しんだ。何回か通ううち、やがて私は会員の醸し出す雰囲気に違和感を覚えるようになっていた。「高貴」な物腰や、子どもたちの服装からくるものなのだろうか。それとも、このスポーツの成り立ちや伝統からくるものなのか。私は、いくつかの乗馬クラブをはしごすることになる。

あるクラブでのことである。私がよく乗せてもらう馬の馬房に行くと、壁に血がついている。鼻血を擦りつけた幾筋もの跡が生々しい。その日、私が乗るのは、トスガイという名のその馬だった。担当のインストラクターに、ひどい鼻血だけど、これでも仕事をさせるのかと、こわごわ尋ねてみた。

「獣医に診せているし、大丈夫だと言ってるから、乗ってもＯＫ」

「でも、けっこう出てますよね。鼻を見ても出ているのがわかるし……」

私などがいくら訴えても暖簾に腕押しだ。苦しい気持ちを抑え込んで、私はトスガイに乗ることにする。私を乗せなければ、他の人を乗せることになるのだ。私はずっと念じていた、「なるべくゆったり乗るからね。ゆっくりゆっくり、無理しないで済むように時間を過ごそうね」と心の中で語りかけながら。トスガイと私にとっての苦痛の時間が終わって、もう一度インストラクターに尋ねてみた。

「この馬は、もっとひどくなったらどうなるんですか」

「大丈夫だよ。ちゃんと休ませるし、いよいよとなったら、ちゃんとしたところに移動させるから」

「ちゃんとしたところ」って、どんなところなんだろう。それはなんとなく聞いてはいけないことのような気がした。聞いても、答えてはくれなかっただろう。帰宅後、私は健康を害した馬や年老いた馬の行き場所、行く末を探して、インターネットで検索し続けた。養老牧場などと呼ばれているのが、大小何カ所か見つかった。しかし、それは全国を見渡してもわずかなものだ。ほんの少しの数の馬しかそこへは行けないだろう。動物愛護に関する先進国である欧米に比べれば、動物に対する日本の考え方は遅れていて、扱い方への配慮は行き届かず、手薄なのだ。多くの馬が行き場所を失って、「処分」という名のもとに殺されることを知ってしまった。いのちを処分するとは……。もちろん、競争馬も同じ道をたどる。多くの賞金を稼いでくれた一部の馬だけは、この「処分」の道から逃れることができるのだ。

動物は、自分が生きるために他者のいのちを食べる。そうなのだから人間も、そのことについてはいちいち考えるにおよばないとする意見がある。しかし動物は、自らの快楽のために他者のいのちを奪うことはしない。人間は、金銭的な快楽や興奮のために、他者のいのちを使う。そして、望ましい快楽や富を与えてくれなくなったいのちは、処分という名で殺すのだ。まさに自分の貪欲《とんよく》を満たしてくれなくなった、役に立たないいのちは抹殺する。これが人間の正体であろう。「いのちを大切にしなさい」と、いくら学校で子どもたちに教えても、大人の現実の行動を見れば、自分にとって益をもたらす都合のよいいのちは大切にしなさい、としか子どもたちには響かないだろう。人が口にしたことより、行動を見て私たちは学ぶ。まして子どもたちには、大人の行動こそが学ぶべき規範だろうから。キャッチコピーもどきの「いのちの大切さ」などは絵に描いた餅なのだ。

次にクラブを訪れたとき、あの馬房にトスガイはいなかった。名前札も外されていた。私の心臓は一気に鼓動を強めた。私はインストラクターを探して、馬のことを尋ねた。

「あの子は、どうしたの？　名前もなかったけど、まさか……」

「大丈夫だよ、ちゃんとしたところに行ったから」

「えっ？　死んだんじゃないですよね？」

「心配ないよ」

「どこなんですか？」

その答えははぐらかされ、「ちゃんとしたところ」という言葉が繰り返されただけだった。彼から情報を引き出すことを諦め、私はネットでその馬の名前を探し続けたが、全国のどこにも見つけられなかった。本当は死んでしまったのではないか、その考えが長い間、頭の片隅に居座り続けることになった。

不思議なことが起こるものである。翌年、仕事である地方を訪れたときのことである。遠路、仕事だけでの往復はもったいないと、その地の養老牧場に立ち寄ることにした。年老いたり、病や怪我で使いものにならなくなった馬を養っているという、あの牧場である。仕事場からはかなりの距離だが、飛行機の時間には間に合うはずだった。

とにかく一度はそのような場所を見てみたいという想いが、私のどこかにしこっていた。何度も電車を乗り換え、現場までの最後の道のりはタクシーを使うしかない。次第に緑が深くなっていき、疲労感もつのる中でやっと牧場に着く。その地の養老牧場を担当しているという管理人が、いくつかある放牧地を案内してくれ、さらに自分の住居の前にある重症の馬や、放牧に慣らす前の馬たちが入れられている厩舎に案内してくれた。そこには、鼻からガーゼを垂らして血膿をドレナージ（排液法）している馬がいるではないか。私は思わず彼に尋ねていた。

「私、この馬とそっくりな症状の馬を探しているんです。鼻血がひどくて、どこかに送られたってインストラクターが言うんだけど、ネットで探しても、どの養老牧場にも名前がないんですよ」

「もしかしたら、トスガイ？」

「えっ！　なんでその名前を……」

「ここにいたんだよ」

「いたんだよって、いまは？」

「うーん、たしか一月に亡くなったと思うけど……。ここにきて、三月ほどしかいなかったなぁ。とにかく医者もびっくりするくらい、ひどい状態でね。俺たちも怒っていたんだよ。なんであんなにひどくなるまで放っておいたんだって……」

「やっぱりそんなにひどかったんですか……。最期は……？」

「最終的には呼吸困難になって、それでも治療を続けるかどうかっていう選択になるでしょう？　もうあまりにひどい状態だったし、治る見込みはなかったんで、俺が安楽死させたんだ」

初めて会った人の前で、私は声を挙げて泣いてしまった。それはしかし、悲しいだけの涙ではなかった。ほんの何カ月かではあっても、あの馬はちゃんとした治療を施され、可愛がられてゆったりとした時間を過ごせたのだ。それを思っての嬉し涙も混じっていた。何よりもこんな辺境の地で会えたことがうれしかった。たとえ死んでしまっていても、私はトスガイに会いたかったのだ。

最期を語ってくれたその人の部屋には、何頭もの亡くなった馬の写真が貼られていた。トスガイの写真も飾ってあった。獣医も初めて見たというほどのひどさとは、解剖した結果、頭蓋骨の広い範囲が強い炎症や膿によって融けてしまっていたということである。それはよほどの事例だったのだろう。解剖した大学の獣医が、頭蓋骨を標本としてとってあるとのことであった。体の骨は何カ月か後には、その放牧場の墓地に埋葬されると聞いたので、翌年、私はその馬に会うために、再度牧場を訪れることにする。

一年ぶりに再訪した牧場で、私はトスガイの頭蓋骨と面会した。

その日は、前日に亡くなった馬の解剖のために、遺体を大学に運ぶ予定になっていた。その遺体に着き添わせてもらうことにして、私も大学に向かった。教授が標本室から出してきてくれたトスガイの頭蓋骨と、初めて対面する。それは、馬の骨格のド素人である私でさえ、息を呑むようなありさまだった。頭蓋の鼻辺りから目の周囲にあるはずの骨まで、何もなくなっている。それは大きな空洞を抱えた頭蓋骨であった。

生きていたとき、トスガイはどれほどの痛みと苦しみに耐えながら仕事をさせられていたのだろうか……。そのときの獣医師は、いったい彼の何を診ていたのだろうか……。人間が、その人としての仕事をきちんとしなかった結果が、このがらんどうになった頭蓋骨である。人間が他のいのちを利用するだけ利用し尽くした結果が、私の眼前に証拠としてあった。

気の済むまでトスガイの頭蓋骨を抱かせてもらった後、私は搬送してきた馬の解剖に立ち会った。ふと気がつくと、十メートルほども離れた場所に、数人の白衣を着た男たちが遠巻きにして立っている。彼らは解剖に立ち会わなければならない現役の獣医師なのだという。資格を保持するためにさらなる解剖実習が必要らしい。遺体から遠く距離をとって、かろうじて堪えているといった様子だ。トスガイの診断を誤ったような、未熟な獣医師が社会に出ていることに納得した。巨大な生き物を腑別けし、大きな体を支え続けた小さな心臓や大きな肺、そしてどっさりと、そこに存在を主張している消化器などを取り出して、自分の目できちんと見ること。それは、生きていたときの姿をありありと想像し、その組み立てを把握するためには、絶対に必要な行為なのだと私には思えた。解剖の最中、次々に目の前に露わにされる、その馬を活かしていた大量の内臓を凝視しながら、私の脳裏にはいのちの不思議さとでもいうような何かが、じわじわと広く広く浸透していた。

私たちは牧場に戻って、亡くなった馬たちの骨が埋葬されている墓地に移動した。そこには大きな木が一本生えていて、小さな赤い実をたくさんつけていた。私は輪袈裟《わげさ》を首からかけ、左手に数珠を持って、その大木の下で読経を始めた。風が吹き過ぎる広い牧草地で読む経は、遠くの方まで届くように思えた。なだらかな草原のはるか向こうに小さく点在している馬たちも、耳を立ててジッとしているようだ。風に乗って、ゆるりと飛んでくる経を聞いているのだろうか。亡くなった馬たちに届いて欲しいと、声を張り上げ、自宅で作ってきた表白《ひょうびゃく》を経と経との間に入れて読んだ。他の生きる者たちに対して人間のしてきたことを、その罪を、私は謝りたかった。思いを込めて読んでいるうちに涙が溢れ、声も震えてくる。それでも涙と震えを無理矢理押し込め、なんとか声を取り戻して、謝罪の表白文を最後まで読み通した。

はるかなるモンゴル

私の乗馬生活は、かなりの危険を伴うものだった。どういうわけか私は、幼い頃から転びやすい。身体のバランスが悪いのか、筋力が弱いのか、いずれそんなことが原因でもあったのだろう。例えば、馬が何かにつまずいてがくっと前肢を折り曲げそうになる。上手な人で、適度な筋力もあって、バランスを保てる人なら、なんとか凌《しの》いで、落馬することはないだろう。しかし、私は違った。あれれっ……と思う間に、ころりと落ちてしまうのだ。首の筋力もかなり弱い私は、飛ばされて落馬したわけでもないのに、頭の重さを支えられずに、ムチうち（頸椎捻挫）症になってしまう。肋骨が折れたこともあり、杖の生活を余儀なくされたこともある。

それでも馬とともにする時間がうれしく、とうとうクラブ・フリーターを止めて、あるクラブに所属することにした。周囲を緑濃い樹々に囲まれて、山の中にあったそこでは、他のクラブでのような違和感を感じることが少なかった。何よりも馬を大切にしているようであった。ある日、そのクラブの支部が主催する外乗旅行に参加させてもらうことになった。雪の帯広の山間地で乗馬をするという企画である。私の乗馬技術のレベルでは、果たしてついていけるのか不安であったが、インストラクターが援助するからとのことで、仲間に入れてもらった。

何度も痛い目に会っていると、馬のなんでもない動きに過敏になり、恐怖心が湧いて、必要以上に体が強張ってしまう。体を固くしていると、馬の瞬時の動きに対応できず、落ちてしまう。この一連の反射が、私の体にはなかなか手強く残っているのだ。たちまち落馬するイメージが湧いてしまう。ある種のストレス反応とわかってはいても、これが消えてくれない。スピードが出てくると、よりいっそう「落馬したあのとき……」がよぎって、強い恐怖心となる。思わず「怖い！」と口から漏れてしまうこともあった。このクラブでは、怖くならない乗り方などを丁寧に教えてくれるのだが、よそではそうはいかず、「怖いなら乗るな！」と怒鳴られる。怖いのは馬ではなく、スピードと怪我なのに、わかってくれない。気持ちはさらに萎縮し、悲しい気分に落ちていく。怖くても馬との時間を楽しみたい、私のような者もいるのに……。

私の偏見から言えば、馬乗りには独特のプライドや過剰な自信、癖といったものが感じられる。帯広の外乗旅行でも、この「怖いなら乗るな」をやられてしまった。気持ちは沈んで、すぐにでも帰りたかったが、私一人の旅行ではない。悲しい気分を押し殺して我慢するしかなかった。他の参加者の駈歩《かけあし》のスピードに合わせられず、とんだ迷惑をかけながらも、「ゆっくり駈歩コース」という別行動をインストラクターに工夫してもらい、それでもなんとか予定された最後の企画にたどり着くことができた。それは帯広競馬場で開催されている輓曳競馬《ばんえいけいば》の朝の調教を見学するというものであった。

私たちは早朝、まだ息が白く見える競馬場で、入場の案内を待った。柵の向こうで行き来している馬たちは、どれも大きくて、どっしりと太い。フランスのベルシュロンやブルトン、ベルギーのベルジャンといった種から改良を重ねて作り上げられた巨大な日本の輓曳馬たちだ。彼らの白い息は、圧がかかっているため、鼻から勢いよく棒状に前方に噴出され、煙状に立ちのぼっている。すでに競技前の調教に入っていて、たくさんの馬たちが重い荷を曳《ひ》きながら歩いていた。とにかく太い四肢の筋肉と、両側に張り出した大きな腹が見える。体全体から湯気を立ちのぼらせて歩くその力感は、日頃見馴れている馬に比べて、圧倒されるほどのものだ。

朝の調教では、この大きな馬たちに近づいて触ってみることも許されるのだが、それよりも私には自分が乗った乗用馬の運命がわだかまっていて、単純に感嘆し、楽しむことができない。同行の人たちから少し離れた隙を狙って、案内の係りの人にそっと聞いてみた。

「ここの馬たちの寿命はどれくらいなんですか」

「うーん、寿命って言ってもいろいろあるからなぁ……」

重い荷を曳いて競争させられれば、恐らく寿命が短くなってしまうだろう。聞きたかったのはそのことだったが、しかし聞かれた方は、それだけの意味には受けとらなかった。気まずい空気を感じて、重ねて尋ねてみる。

「勝てる馬と、そうではない馬とのその後の違いなんかのことですか」

「うーん、まぁね」

そう答えるしかなかったのかもしれない。市を挙げて馬種の保存をしているこの地でさえ、やはりそうなのだった。競走馬としての能力審査に不合格となった馬や勝てない馬は、直ちに食肉馬に転用されるのだろう。それを馬の寿命と言えるのかどうか。答える人も戸惑ったに違いない。判定されるのは二歳馬程度だろうから、「寿命は二歳です」とは言えなかったはずだ。馬鹿なことを聞いてしまったものだ。

調教が終わると、馬に跨って記念撮影。現役を引退して、園内の観光用として飼われ、人間を乗せた箱車を曳いて歩く馬だ。ふだん乗っている馬の背とは、私の足の広がり方が違う。驚くほど背幅が広いのだ。いかにも重量があるという感覚が、その大きくて豊かな背中から伝わってきた。いまだいのちをつないでいるその大きな馬の背で、外面は楽しんでいるように見せながら、心には悲しみの澱が重く沈んでいた。

さて、この輓曳競馬で、私には思いがけない出会いがあった。その出会いが、私をモンゴルへと運んでくれるとは、そのとき思いもしなかったが。

「セン・ベー・ノー?」

「セン、セン・ベー・ノー?」

「ター・モンゴル・フヌー?」

訳せば、「こんにちは」、「こんにちは」、「あなたはモンゴル人?」といったところか。競馬場でたまたま私の隣に立った三人の男たち、彼らの話す言葉が何語なのか、私にはすぐにわかった。と言っても習いたてのモンゴル語は、じきに行き詰まったが、幸い大柄なモンゴル人の一人が、すぐに日本語に切り替えてくれた。覚えたての単語と文章をつなぎ合わせながら、怪しげなモンゴル語で私は話し続けた。昨年夏、馬に乗るためにモンゴルに行ったこと、今年もまた行くつもりでいること、モンゴル語を勉強していることなどだ。

昨晩、宿泊したホテルの玄関口に、講演会の案内看板が立てかけてあった。そこにはこの地のロータリークラブ主催とあり、講師として一目でモンゴル人とわかる名が記されていた。北の地域の名士たちが参加する団体の集まりで、モンゴル人が呼ばれて講演をする? 私は興味を惹かれていた。

「昨日泊まったホテルでお名前を拝見し、とても気になっていたんですよ」

日本語のわかる大柄な人は、モンゴルでも有名な学校の先生なのだった。その先生は、もしも今年モンゴルに行くなら、ぜひこの人を訪ねなさいと、サングラスをかけた隣のモンゴル人を紹介してくれた。その人は、とても多くの家畜を持つ裕福な遊牧民なのだそうだ。その遊牧のキャンプに泊まらせてくれるとのことだった。サングラスの本人から、牛が八百頭、馬はそれ以上と聞かされたが、いまだモンゴルの数字が覚えられない私には、この数の解釈が合っているのかどうかわからない。ただ、とてもたくさんの家畜がいるということだけはわかった。

帯広の外乗から怪我もせずに、無事に関東近県の自宅に帰ったその夜、早速ネットで検索してみた。出るわ出るわ、大柄なモンゴル人はどうやら日本式の高等学校制度を初めてモンゴルに導入し、定着させた著名人のようだった。若い頃に日本に留学して、苦学しながら日本式の学校のあり方と方法を学び、母国に導入したのだという。もう一人のサングラスの方は、牧場経営と金属などの掘削会社とを経営しているとあって、「遊牧民」というイメージとは少し違う印象だった。今後、旅行のために連絡をとるのはサングラスをかけた方だ。時間をかけて文章を考えることができるメールを送ってみることにする。

現在のモンゴルでは、本来の縦書きのモンゴル文字はほとんど使用されなくなっている。多くの国にそんな経験があるように、戦争に負けた側の国は、本来の自分自身の呼称である名前を変えさせられたり、母国語である言葉や文字を奪われる。日本にもその加害・被害の両経験がある。モンゴルはロシアに屈したときから文字を奪われ、ロシアのキリル文字という横書きのアルファベットのような文字を使うようになっている。学校で古来の縦書き文字を教えなくなってからは、若い人たちにはもはやその文字を書けない人も多いのだという。しかし、キリル文字を使いながらも、そこには民衆の抵抗の痕跡があって、ロシアでは使用しない文字をモンゴル語のアルファベットとしていくつか加えているのである。

日本語にも、英語・米語が多数入り込んでいる。敗戦以来、強制した痕跡が見えないようにして、じわじわと戦勝国の言葉が浸透してきたのは事実だろう。カタカナ表記された英語に取って代わられた日本語の単語も多い。グローバル化という言葉は、国家間の戦争や支配–被支配の関係をなかったことのように背後に隠して、清潔で国際的な宥和のイメージによって糊塗してしまう一面がある。言葉は生きている。あるモンゴル人から、動詞が外国語になったとき、その国の言葉は死ぬと聞かされた。日本語を考えれば、これに近いことはすでに一部に起こってしまっていることがわかる。世界各地で繰り返されてきたであろう国と人と言葉への侵略。敗戦国は戦勝国におもねり、あたかも母国語の衰弱が自主的な意志であるかのように自分自身を錯覚させてゆく以外に、生きのびる道はないということなのだろうか。モンゴル語を学ぶことで、民族と言葉と国の問題を考えさせられることが次第に多くなっていた。

モンゴルから返信がきた。英語であった。英語が堪能だという彼の夫人が、代筆をしてくれたようだ。子どもが馬に乗って駈けている写真も添付されていた。デールというモンゴル独特の服を着、ブーツを履いて馬に乗って疾走しているその姿は、まさに遊牧民の勇士のようだ。素晴らしい体軀の馬たちのつながれている写真が添付されていたこともある。彼が遊牧民であることは間違いなさそうだった。

モンゴル人は、他所者、外来の者を受け入れる。日本人より人見知りせず、誰にでも気さくに声をかける。「家にいらっしゃい」と当たり前のように言うし、とりわけゲルの生活では、見知らぬ人の出入りも問題にしない。来訪者が誰であれ、当然のようにゲルに出入りし、茶菓子を振る舞われたりする。メールには、私の望むことはなんでもかなえたい、見たいものは見せてあげたいと書かれている。しかしそれでも、果たして本当に行っても大丈夫なのだろうか。空港に着いたら誰もいなかったなどということはないのだろうか……。不安な気持ちは拭えないままであった。

私のモンゴル語の先生は、元遊牧民の孫である。日本で働きながら四年を過ごしていて、日本語は堪能だし、もちろんモンゴル人の気質もよく知っている。トゥヴシンという二十五歳の屈強な体をした若者である。モンゴル人の一つのタイプであるぷっくりとした顔には頬が隆起していて、その上に一重の小さめの目。体はいかにも筋肉質で、主食が肉であることを納得させる。朝青龍や横綱白鳳のタイプだ。「モンゴル人は、誰にでもいらっしゃいって言うから、ちょっと心配だなぁ」と、彼も私の訪問をめぐる約束を心配している。

おまけにいまの私の語学力では、かなり危うい旅行になるのはたしかなことだった。相手の言っていることが聞きとれない。ヒアリングがまったくできない状態だ。年齢を考えれば仕方のないことだ、いまから新しい言葉は入らないなどと、それでも尻をまくって続けているうちに、あるとき思わぬ話が持ち上がった。トゥヴシンの母親と親戚が日本にやってくるという。練馬区の大きな公園で、年に一回開催される「ハワリンバヤル（春の祭り）」を目指して来日するらしい。日本全国から在日のモンゴル人が集結する大きな祭りであるようだった。毎年、相撲の人気の上位力士たちも参加するという。語学の練習にはなるかもしれない。私は、トゥヴシンと母親が出すという店を手伝うことにした。

その日は春とは思えないような、暑い日になった。「良い加減」なモンゴル気質のトゥヴシンと母親は、他の屋台が早々と店の準備を始めているのに現れない。まるで勝手のわからない私は、売り物の値段も、支度の仕方もわからず、ただ所在なく狭い売り場をうろうろしながら待つしかなかった。右隣の屋台ではすでに内モンゴルのラーメンらしきものを売り始め、左隣でも、販売する物品がきれいに並べられている。

ようやく彼らがやってきた。挨拶もそこそこに、トゥヴシンの母親は、冷凍された手造りのボウズ（羊肉のミンチを小麦粉の皮で包んだもの）を大慌てで蒸し始める。あちこちでモンゴル語が飛びかう。早口で、何を言っているのかまったく聞きとれないが、それでもトゥヴシンの叔父さんとその夫人を紹介されたりして、てんやわんやの時間が過ぎていった。母親の指示のほとんどは、手振りに状況を組み合わせて了解するしかない、という具合で進んだ。店の前を通る人ごとに、「ボーズ、アワーライ！」と声をかける。細かい説明はできず、声を挙げ続けるだけなのに、知らぬ間にモンゴル人になったような気分に、私はなっていった。

私が、モンゴルの歌の虜《とりこ》になったのも、この屋台がきっかけだった。紹介されたトゥヴシンの義理の叔母にあたる人が、プロのオペラ歌手で、このとき舞台に上がって二曲、モンゴルの歌を披露したのだ。素晴らしい声量もあったが、うち一曲のメロディが不思議なことに私の心に染み通ってきた。祭りの二日間で、たった二回聴いただけのそのメロディを、私は覚えてしまった。以来、モンゴルの音楽の魅力に取り憑かれ、ユーチューブなどで取り込んでは歌うようになった。

そんなある日、トゥヴシンが母国に帰るという。四年間、一度も帰国していないので、一度帰りたいのだという。そして彼は、私の旅行のガイドを自分が務めるのはどうかと提案してきた。ガイド兼通訳が同行する旅行にしたらどうかという提案である。彼はぜひ、自分の故郷を見せたいとも言った。幸い彼の故郷は、モンゴルでも一、二と言われる美しい場所、テレルジである。前回の旅行では訪問できず、私も気になっていた場所である。大きなキャンプ地があるのだが、彼の親族が夏を過ごすゲルがキャンプ地の傍らにあるので、そこでよいか、それともキャンプ地にある旅行客用のゲルにするかと尋ねられた。親族とともに過ごすのは、私には願ってもないことだ。テレルジでしばし遊んでから、帯広で知り合ったモンゴル人、シンネバータルの故郷であるドンドゴビ県のゲルに行くという旅行計画が進み始めた。

それからのシンネバータルとの連絡は、トゥヴシンが代行してくれた。細かな段取りの打ち合わせで、シンネが細心の注意を払ってくれているのがわかる。まずトゥヴシンが先に帰り、私をウランバートル空港まで出迎えるという段取りだったのだが、彼には仕事がぎりぎりまで入ったらしく、結局は私と同じ日に日本を出発することになる。母国とはいえ、四年間のブランクがある彼は、先に行ってモンゴルの現在の状況を知り、迎え入れる準備を整えておきたかったようだが、なんとかなると胆を据えてしまった私には、一緒の旅の方が不安は少ないように思えた。とうとう、帯広でたった二十分間立ち話をしただけの人のところへ、私は本当に行くことになった。

ホンゴル・モリ

成田空港では、つくづくトゥヴシンのモンゴル気質を味わう羽目になる。トゥヴシンの荷物がやたらに多いのだ。誰がみても、超過料金を払わなければならない量と重さだ。モンゴル航空に同乗して帰国する見知らぬ婦人に頼み込んで、ようやく荷物の一部を、婦人の子どもの荷物として手続きしてもらうことで話はついた。そうこうするうちに最後の搭乗手続きの時間が迫ってくる。やれやれ一件落着かと思いきや、トゥヴシンが通関で止められている。帰国後の仕事が決まっていないとか、雇用主の証明書がないとかで、すったもんだしている。もしかすると出国ができないかもしれない。私はうろたえたが、いよいよとなれば私一人でも飛行機に乗ろうと思い、通関で立ち往生しているトゥヴシンを残して搭乗窓口で待つことにする。運のよいことに飛行機の出発が遅れている。そうこうするうち、彼から電話が入る。

「どこにいるんですかぁ～」と気の抜けるような声。再び通関口で落ち合い、話を聞くと、無事に出国はできたものの、今度は日本への再入国が危ういままだという。ま、しかたがない。少しは安堵して歩いていると、私の聞き知った名前を連呼するアナウンスが耳に飛び込んできた。「○○さま、搭乗口にお越しください」。なんとそれは、帯広で会ったモンゴル人のあの大柄な先生の名前である。八月初めにはモンゴルに帰国する予定であることは聞いていたが、まさか同じ日に同じ飛行機でモンゴルに行くことになるとは、予想外のことであった。私は搭乗口近くで先生を見つけた。「ガラー・バグシ！（ガラー先生）」と叫びながら、私は駈けよった。先生にはドンドゴビからウランバートルに帰ってきたら連絡すると約束して、いよいよ同じ飛行機でモンゴルへと飛び立った。

チンギス・ハーン空港には知っている顔があった。ハワリンバヤルで二日間を過ごしたトゥヴシンの母親の顔だ。彼女とトゥヴシンの妹さんが、宿泊地テレルジまで送ってくれることになっていた。妹さんは初対面だったが、日本語を勉強し始めたところらしく、一所懸命に日本語で話しかけてくれる。私のモンゴル語より、少し上手なレベルというところか。お互いにかなり怪しげな言葉のやり取りや、ラクダの歌を楽しみながら進むモンゴルの凸凹道は、それまでの雨が溜まり、母親の運転する普通車では車の下部を擦って、大きくバウンドし、水しぶきを飛ばしながらの一時間半になった。夏のモンゴルの日没はおよそ午後九時である。それでも一族のキャンプ地に着いた頃には真っ暗で、どこをどうたどったものか、まったく見当もつかなかった。

すぐにトゥヴシンの叔母家族が住むゲルに招かれての食事。彼女は市内で料理の先生をしていると聞く。私が肉を食べられないことをトゥヴシンが伝えていたので、料理の種類を巧みに工夫してくれていた。肉が主食のモンゴルで、これから九日間の肉なしの生活を過ごすのである。当然、自分の食料は持参しているので、特別に作ってもらう必要はないと言ってあるのだが、前回の旅行ではそれを食べる機会はなく、それでもなんの問題も感じずに生き延びたのだ。いかにもモンゴル人らしい風体の、ふくよかな叔母は、ミガーと呼んでくれと言って親しげに歓待してくれた。傍らには、おとなしそうなご亭主がいて、何くれとなく気を利かしてくれる。

遅い夕食の後、疲れただろうからと言って連れて行かれた隣のゲルに入ると、ベッドが一つ。私一人で使えるように、母親が用意してくれたようだ。私にはゲルの生活が合っている。狭いような広いようなゲルでは、よく眠れるし、快適に感じる。日本家屋の基本形は四角である。正方形だったり長方形だったりと、いずれも角がある。ゲルはどこを見ても円形だ。唯一、ドアだけは長方形だが、ゲルそのものには角がないということが、案外私をくつろがせるのかもしれない。天井のフェルトが半分開いていることも、閉所が苦手で閉塞感がつらい私には具合がよい。天井の開口部からはストーブの煙突が突き出ているので、雨が降らないかぎり、ふさがない。朝の陽がのぼれば、光が天井から入り込むことになる。それだけはなく、朝には遠くのあちらからもこちらからも牛や羊の鳴き声が小さく聞こえ始め、次第にゲルのすぐ横からも聞こえるようになる。こうなれば、目が覚めるのは自然なことで、なんとも気持ちのよい朝の目覚めがくるのだ。

翌朝、外に出てみると、空は真っ青であった。ゲルの横には目覚ましの声の主である子牛がいる。視界のおよぶ範囲の下半分が緑で、上半分が澄んだ青の世界があった。少し遠くには丘というほどの、緑色をした小山があり、その辺りにもゲルが数棟点々と建てられている。昨年、泊まった場所とは異なり、ここテレルジには木があり、川がある。トーラ川という川までは、ほんの二分もあれば行ける距離である。昨夜は暗闇で何も見えなかったけれど、ここは実に美しい穏やかな場所だ。

いつの間にか近くには羊の群れがやってきている。何頭かの馬も、草をはんでいる。これが私の望んでいた場所である。若い十代初めくらいの男の子が、馬に乗って羊たちの群れを操っていた。ほとんど一人前の男の筋肉が腕についているのがわかる。無駄のない体がすでに備わっていて、働いていない日本の男の子とは別人のようだった。ぼーっとしたまま、なんとなく周囲を見ていると、子どもたちが集まってきた。いろいろ声をかけてくれるのだが、やはり聞きとれない。しどろもどろの応対しかできずに困っていると、そのうちの一人が、英語で話し始めた。これなら通じる。お互いの英語のレベルは、恐らく同じくらいである。助かった。なんとか話していると、大人たちもゲルから出てきて、いろいろ話しかけてくる。まずは「サイハン・アマルスノー！（おはよう！）」と私は声を発した。

土地の空気を味わいながら、しばらく散策しているうちに、便意をもよおしてきた。大便の方なのだが、さて困ったぞ。遊牧民の便所は草原である。ここのキャンプ地では、近隣に設置された数棟のゲルの住民たちが草原に穴を一つ掘り、その周りをビニールシートのようなもので囲って、一応トイレらしき場所を作ってあった。シートの高さはしゃがんだときに頭が出るくらいのものなので、遠くからでも誰かが使用しているのがわかるようになっている。おまけにそのシートがすでに三分の一ほど外れていた。覗いてみると、朝からすでにかなりの数のハエが飛び回っている。うーん、ここではちょっと……。木々の生えている草原の一画で、用を足すことにする。

このキャンプ地はまっ平らなので、大地のうねりに隠れることができないし、丈の高い草も生えていない。おまけにモンゴルでは、水はとても貴重なものなので、川はきれいに使わなくてはならない。川べりを汚すわけにはいかないのだ。川からもゲルからも少し離れた辺りに、木が二十本ほど生えている場所があるので、そこを選び、さらにゲルからと、川辺にテントを張っている人びとから見えにくい角度を探して、木の後ろにしゃがんだ。みんな考えることは同じなのだろう、使った紙があちこちに落ちている。日本から持参した紙ではなく、現地で使用されている紙を使うことにする。恐らく、水に溶けやすく、土に還りやすいものなのだろうと思ったのだ。万が一、家畜が食べて消化できなければ、いのちにかかわるのである。使った紙が飛ばないように、また家畜たちが口にしにくいように、石の下に押し込んだ。

ここから多くのことが始まる。子どもたちが川に私を誘い出した。河原に行くと、水の色がないことに気づく。芯から透明な水は、水色をしていない。どこまでも透明で川底の石の色をそのまま透過させているだけである。子どもたちは服を脱いで、パンツだけで川に入り、遊び始めている。モンゴルの夜は、夏でもストーブを焚くほど寒い。この朝も、まだまだ寒さは残っていたのに、子どもたちは楽しそうに川遊びをしている。川からあがると、途端に全身に震えがくるのを見ると、やはり相当な冷たさに違いない。半分ほどしか通じないままであっても、私たちは話のやりとりを楽しんだ。

しばらくしてゲルに戻ると、ご飯を食べるように言われ、前夜お邪魔したミガーのゲルに入った。ここが一族の台所にもなっているらしい。食事造りは、プロのミガーが担当しているようだ。全員が一緒に食べるのではなく、手の空いている人から適当に食べては、次の人に場所を譲るという具合である。食事が終わるとトゥヴシンが、馬を連れてくるから支度をして待っていてくれと言う。ハワリンバヤルで会った、朗らかで人懐っこい叔父は、元は競争馬の調教師をしていて、そこから馬を二日間借りる手筈になっているらしい。私の乗馬支度が終わる頃には、二頭の馬がやってきた。いかにもモンゴル馬らしく、とても可愛らしい顔の小柄な馬たちである。調教された乗用馬は、モンゴルでは鬣《たてがみ》を短く刈り込んで、見分けられるようにしてあり、この二頭も鬣を刈り込まれて、可愛い姿になっていた。私が怖がりなことも伝えてあったので、とてもおとなしい馬なのだと説明された。

誰かに迷惑をかけてはならないという気持ちと、日本のようにどこにでも病院があるわけではないという事情と、帰国後の自分の仕事の状況とを考えて、いつもの怪我対策に輪をかけて重装備をした。この土地の人たちが見れば、笑ってしまうほどの装備であろうが、怪我の責任を誰に押しつけるわけにもいかない。笑われようがなんだろうが、かまってはいられない。空気で膨らませる、肋骨や鎖骨を護るボディ・プロテクターを着込み、首を護るためには気休めの空気枕を首に装着し、頭にはヘルメットを被る。着ぶくれして動きにくく、恥ずかしくもあるが、これでよいのだと思うしかない。

トゥヴシンは、一日かけて往復するコースと、少し距離の短いコースとを提案する。私は短いコースを選んだ。一日中、馬に乗っていられる体力的な自信は皆無なのだ。長距離コースでしか見ることができない場所に連れて行きたいという気持ちは伝わってきたが、現場に到着できても、帰る体力がおぼつかないと思えば、行くことはできない。

短い方の亀石コース。草原に顔を現した、亀の形をした奇岩を訪れるコースだ。聖地でもあり観光地でもあるそこに向けて、いよいよ出発だ。草原を常歩《なみあし》で歩いたり、速歩《はやあし》したり、ときには駈歩《かけあし》を交じえながら三十分ほど行くと、一軒の家の横に着いた。周囲にはたくさんのヤクと牛がいる。ここで、見知った顔が出迎えてくれた。あの人懐っこい叔父さんである。感動的な歌を聞かせてくれたオペラ歌手の夫人もいる。家には彼らの父上もいた。トゥヴシンにとっては祖父にあたる人である。

お祖父さんは、テレルジの草原で遊牧をし、詩人でもあり、モンゴルの昔話やさまざまな民話の本も出しているという、誇り高い遊牧民の一人である。いまは、左半身が不随となり、子どもたちの家を順に回って世話をしてもらっている。お祖父さんには男女八人ずつ、十六人の子どもがいる。その日は叔父が世話をする番にあたっていたのだろう。ふだんは車椅子の生活である。本当は杖を使えば歩けるのに、車椅子に乗ったら歩くのを嫌がるようになってしまったと情けなさそうに叔父が言う。

日本で見馴れた介護の風景と、どこか違う。気づいたのは、オムツを当てていないらしいことだった。ベッドで横になっていても、ズボン以外何も履いていないようなのだ。そう言えば、よちよち歩きの幼児もオムツを当てていない。お祖父さんは、みんなの集まるゲルに寝かされていたり、外に連れ出されて立つ練習をしたりと、案外忙しい時間を過ごす。そして期日がくると、別の子どもの家に車で移動する。たらい回しとも言える状態なのだが、そうとは思えない明るさが伴っているから不思議である。

馬を貸してくれたのは、この陽気な太めの叔父だった。いかにもモンゴル人らしい顔立ちの中に、小さな目が笑っている。私に選んでくれたのは、実に反応がよく、しかもおとなしい馬だった。顔を近づけてもぴくともしない。乗り降りのときもじっとしていて、どこを触っても身動きをしない。地方のナーダムで、金や銀のメダルをいくつも取っている優秀な馬とのことだった。恐らく、相当な速さで走るのだろうが、私にはできない。のんび走らせるのにはもったいない馬なのだろうが、まずは安全第一だ。自分の技量に合う乗り方をしなければならない。挨拶を済ませ、私たちは亀石に向かって出発した。

テレルジは、場所によって景色が変わる。ある場所では多くの岩が顔を出し、ある場所では延々と草原が続いている。どこまで行っても視界の下半分は緑、上半分は青の景色が続く。地平線が馬の動きに合わせて上下に揺れる。地の果てがわからないほど草原が延々と続くのだが、馬のリズムに合わせるうち、次第に距離とスピードの感覚が鈍っていって、緑の空間にすっぽり包まれているといった体感がやってくる。

モンゴル人は、馬の鐙《あぶみ》に立って乗る。鞍が木製で、長時間の乗馬が当たり前だから、日本式に腰かけていると尻の皮がむけてしまうのだ。これはとても痛い。私は立って乗ることはできず、ずっと尻を浮かせていた。にもかかわらず、右の臀部の一部が鞍に当たっていたようで、しばらくすると痛くなってきた。

疲労も感じ始めているのに、まだまだ先が見えてこない。喉も渇いてきたが、飲み物も持参していない。同行しているのは、元遊牧民の屈強な若者である。私の体力など想像の外に違いない。ただひたすら亀石のある観光地を目指しているようなのだが、その場所まであとどのくらいあるというのか。帰りの距離をこなせる体力に不安がつのってきた頃、

「ほら、あそこ、あそこに見えるでしょ」と指さす先に、亀を横から見たような巨大な岩が見える。これほど時間を要したのは、私の駈歩が遅いせいに違いないのだが……。

岩に登る前に、ゲル式のレストランで飲み物と食事を摂ることになり、ほっと一息つく。観光地らしく人と車が集まっていたが、その数は日本の観光地の比ではない。せいぜい数十人。彼らは、私の大げさな装備を見て、ささやきかわしているようだ。私は装備を外して、体を解放した。椅子に腰掛けて楽な姿勢でいると、体のあちこちがほどけて、疲れが抜けてゆくのがわかる。飲まず食わずで、馬の背に二時間半だ。

亀の姿の岩に登ってみる。亀の首辺りまでは登れるような細いルートがついており、そこに立ってみると、視界が開ける。いままで走ってきた広大な草原に、どこまでも広がる青い空、夜はきっと恐ろしいほどの無数の星が、何かが氾濫したかのように溢れるのだろうと想いをめぐらせた。草原で見る夜空の星は、滝のようにいまにも降り落ちてきそうな感じがする。帰国したら、亀石のいわれを教えてもらおうと思った。

帰路は飲み物を購入し、覚悟を決めての乗馬になる。帰り道の距離感は一度見た風景の中をいくので、行きほど長くは感じない。けれど、実際の距離が縮むわけではないので、やがて尻の痛みが増してくる。日本で教えられた乗馬では考えられないような、斜め座り

をしてみたり、片方の尻だけ浮かせる乗り方をしてみたりと、工夫をしてみる。私の感じでは、右の尻はすでに皮が二センチほどはむけているはずだ。

それでも気持ちに少し余裕が生まれてきたのだろうか、緑と青、そして広大な空間に浮かぶ真っ白な雲が沁みるように目に入ってくる。そして、私を乗せている馬だ。訳せば、「純真な、恋しい馬」という意味のホンゴル・モリという名のその馬が愛おしい。下手な乗り手は重心が安定しないので、馬にしてみれば乗せにくいし駆け出しづらいだろうに、健気に私の指示を感じとって巧く動いてくれるのだ。往路も帰路も、ずっとそうだった。

「あなたが乗り手なら、もっと楽に走れただろうね」

トゥヴシンに尋ねてみた。

「馬にとったら、こんなに楽な移動はないと思うよ。歩いたり、速歩したり、ときどき駆けだしたりしてペースを変えるのは、馬にとっては適度に休めるから楽なんだよ。一番よいやり方なんだ。走りたいだけの人が乗ったら、馬は大変だよ」

楽とは言っても、移動距離四十キロだったと聞けば、馬の健気さを思わずにはいられない。時間にして、往復で五時間にもなっていたのだから。私も馬の背で人知れず工夫していたとはいえ、私を乗せて歩き、走ったのは、ホンゴル・モリである。キャンプに着くと、馬たちは自分の脚と脚を紐で結ばれ、小股での移動は可能だが、遠くへは行けない状態にされる。ホンゴル・モリは早速草を食べ始め、トゥヴシンの乗っていた馬とともに、ゆっくりとトーラ川の方へ移動して行った。

ゲルの周囲で遊んでいた子どもたちが駈け寄ってきた。何かを私に見せたいらしい。一所懸命に声を挙げて、私にこいと言っているようだ。子どもたちに引っ張られて川原に行くと、そこにいたのは体長十五センチほどの一匹の土ネズミだった。もう弱ってしまっていて、動きがのろく弱々しい。目が見えなくて平衡感覚を失い、同じところをぐるぐる回ることしかできずに、困惑している様子にも見える。子どもたちも、何をするでもなく、遠巻きにして見ている。すぐそばの低い土手に、このネズミの住み処らしい穴があるのはわかったが、うっかり手は出せない。長く伸びた門歯で嚙みつかれでもしたら、狂犬病やペストに感染する危険がある。モンゴルでは、野生のコウモリやネズミばかりか、犬も狂犬病を持っている可能性がある。狂犬病の予防注射はしてきたものの、嚙まれたくはない。子どもたちが手を出さないのは、野生の小動物に触れないからではない。この小獣に嚙まれたら大事に至るかもしれないことを知っているのだ。

木の枝を拾って、ネズミの体を傷つけないように注意しながら、そっと巣穴の方へと押してみた。手に意外な重さがずしりと伝わってくる。力が抜けてしまった生き物の重さだと思った。抵抗する体力もないのだろう、押されるままになっている。少しずつ穴の近くまで押して行くと、突然予想もできない機敏な動きで、するりと穴に飛び込んで行った。臭いで察知したものか、それとも危機を逃れる戦略なのだろうか。その身のこなしは、無抵抗な弱々しさからは考えられないものだった。取り巻いていた子どもたちと一緒に、ほっと吐息が漏れた。そこにいた、みなの顔に微笑みが浮かんでいる。

翌朝、ゲルの外に出て歯を磨いていると、また子どもたちが近づいてくる。もどかしげに何かを伝えようとしている。何かがいると言っているらしいことはわかったが、どうにも聞きとれない。そこへ、ゲルの扉から顔を出したミガーが、英語で「羊の赤ちゃんが生まれた！」と教えてくれた。私は一気に興奮した。子どもたちと一緒に、大急ぎで川原に向かう。まさにいま一頭の羊が出産を終えたばかりの光景が、そこに広がっていた。母羊の尻から、胎盤らしき血の袋が降りてきているのがわかる。母羊は生まれたばかりの子羊の体をずっと舐め続けている。赤ちゃん羊の体全体には真っ黄色の脂肪がついていて、顔だけが白と黒のブチになっている。

周りではミガーのご亭主や子どもたちが見守っていた。この土地にきた最初の日に、羊を追い込んでいる姿を見た十代の男の子が、馬を降り、傍らに静かに付き添っている。青年の脇には馬がじっとたたずんでいた。その一画は、とても静かで荘厳ささえ感じさせる場であった。みなの気持ちはその場の空気を共有していて、子羊が震える脚でもがきながら立ち上がったとき、お互いに顔を見合せつつ、低くおーっという声を発した。出産の季節は普通は春である。真夏の出産は遅く、珍しいのだが、素人目には元気そうな赤ん坊に見えた。

今日もまたトゥヴシンとともに、遠乗りだ。短いコースにしてもらうことだけを確認して、出発。トゥヴシンは、昨日とは反対側の方向へ向かった。目的地も所要時間もまったくわからない。馬上で語りかわしながらのゆっくりした歩みだったが、後ろから子どもが二人、自転車に乗ってついてくる。今日の道は、昨日のような草原ではない。傍らに小さな川や池があり、道の片側は岩が切り立っていて、小川や池が点在する風景のコースだ。狭い道のあちこちに岩が顔を出し、石もごろごろとある道が続くので、自転車ではさぞ大変だろうと気が揉める。日本人と一緒に行動するのが物珍しいのか、子どもたちはあきらめずについてくる。いったいどこまでくるのか気がかりでもあったが、子どもたちとの思いがけない同行が、私も楽しかった。

「伸さんは、すぐに子どもたちに懐かれるねぇ」

トゥヴシンが不思議そうに言う。たしかに私は、子どもと動物には懐かれるのだ。子どもたちは心得ていて、適当な場所までで帰るから、心配しなくても大丈夫だよ、と言うトゥヴシンの言葉通りに、三十分ほど行った急な坂道にさしかかったところで、子どもたちの姿は見えなくなった。

今日のコースは草原を抜けたり、山道を登ったりと、なかなか変化のある行程だ。それは楽しいのだが、コースはどうやら私が考えていたよりかなり長いらしいことに気づき始めていた。なかなか折り返し点がこない。帰路の体力と尻の具合が心配になってきた。う～ん、長い……。次第に言葉少なになっている自分に気づいているが、仕方がない。ここはひたすらついていくしかない。ふと、気づく。そうか、今日は往路と同じ道を戻るのではなく、弧を描くようにして帰るルートなのだ。

山の途中、のんびりと寝転んでタバコをふかしている遊牧民のお爺さんに会う。一人でたくさんの馬を放牧しており、草を食べさせたら、またキャンプ地まで馬を追い込んでくるのだそうだ。遊牧民はみな、長年の日焼けで顔は黒い上に、深く刻まれた皺に覆われているので、年齢よりもうんと年をとっているように見える。トゥヴシンは、遊牧民の多くは六十歳代、「伸さん」と同じ世代だと言う。

トゥヴシンはこんなことも付け加えた。モンゴル人は心臓が弱く、六十代になると心臓が務めを終えて、止まってしまう例が多い、と。

「日本人は、心臓が強いから、長生きでしょ?」

いくら心臓が強くても、多くの日本人は、六十代のどこかで働くことを辞める。ほとんど例外なく、成人病などで体全体の機能が低下するし、仕事もなくなってしまう。あとは「余生」と呼んで、死ぬまでに残されたおまけの時間だと思い込んで生きていく人も多い。それに比べて遊牧民は、何歳になろうが、自然の中で一人、自然とともに働き続ける。彼らは、山の上で心臓発作に襲われたらどうしよう、などということは考えないのに違いない。なるようになってゆく、自然のまま、あるがままを淡々と受け入れているのだ。ここに私は、遊牧民の凄味を感じないわけにはいかない。

三時間ほどの騎乗を終えて、ゲルに戻る。テレルジでの乗馬はこれで終わりである。明日の朝は、ウランバートルに出発しなければならない。午後には田舎のチベット式寺院を拝観して、太陽の光が少し弱くなった頃、ゲル周辺の草原をホンゴル・モリと一時間ほど散歩し、彼との名残をおしんだ。

ホンゴル・モリとの別れがとても寂しい。切ない気持ちをなだめるために、馬を引きとりにきたトゥヴシンの叔父に、ホンゴル・モリの尻尾の毛を少しわけて欲しいと頼んでみた。日本に帰っても一緒にいる感覚が欲しかったのだ。

「そんなに好きか?」

「とてもとても、大好きだ」

すると馬主の叔父は、ホンゴル・モリの尻尾の毛を少し摑んで、「この毛でいいか?」と尋ねる。OKのサインを出すと、なんと叔父は私の目の前で一気に尻尾の毛を引き抜いた。一瞬ホンゴル・モリはビクッと身じろぎし、驚いた私も呆然と口を開いてしまう。まさか引き抜くとは……。引き抜いた長い尻尾の毛の束を両の手の平にのせて、うやうやしく掲げ持った叔父は、姿勢を正して私と向き合って立ち、丁重に毛を手渡しながらこう宣言した。

「これからホンゴル・モリはあなた専用の馬だ。他の客は乗せない」

これはまさに儀式なのだった。本当にそのようにするかどうかはどうでもよいことだ。私の未練でしかないちょっとした思いつきが、彼らにはとても大切な意味を持つことだったのだ。うれしさと寂しさで胸がいっぱいになり、私はただ立ち尽くしていた。

その夜、私の悪い癖が出た。ホンゴル・モリに何かしら悪いことが起こったらどうしようという想像が、ふと頭に浮かんだのだ。予期不安である。具体的に浮かんだのは、馬バエのことだった。馬バエは、馬の体や馬の餌になる草に卵を産みつけ、それが皮膚から入り込んだり、口から入ったりして馬の体で孵化するので、ある日、皮膚に開いた穴からウジがたくさん出てくる。傷は当然、化膿し腐敗し始める。いまは夏である。もしもさっき、ホンゴル・モリの毛を抜いた箇所が傷になっていて、そこに馬バエが卵を産んだら、という最悪の想像が顔を出して、拭い去れなくなってしまったのだ。抜かれた毛根の範囲は、おおよそ五ミリほどの円型だろうが、私はその跡を見ていない。そこが出血していたら、ハエは嗅ぎつけるだろうし、その穴が化膿でもしていたら、馬バエの絶好の産卵場所になってしまう。そんな想念に取り憑かれながらも、その一方に、妄念をなんとか抑え込んで鎮めようとする別の考えが浮かんでくる。馬を生業《なりわい》にしている彼ら遊牧民は、動物のプロだ。その彼らが行っていることなのだから、私ごときが心配する必要はまったくないのだ、と。頭の中は混戦模様になってしまったが、やがてそれにくたびれて眠り込んでしまったようだった。

あるがままの生と死

翌朝、自然に早く目が覚めた。今日も牛だか羊だか山羊だかはよくわからないが、さまざまな鳴き声が遠くに聞こえている。いよいよウランバートルのシンネバータルに会いにでかける日だ。

出発は早いと聞いていたのに、他のゲルの扉はどこも閉まったままで、トゥヴシンが起きている気配がない。いくつかのゲルを探し回って、ようやくミガーのゲルで寝ていることを突き止める。ゲルの扉からぬっと寝起きの顔を出したトゥブシンに詰め寄った。

「もう八時半よ、出発しなくて間に合うの？」

「十一時に着く予定だから、まだまだ大丈夫だよ」

「えっ？　早く出なきゃならないって言っていなかった？」

「あぁ、昨日の夜の電話で、十一時でいいって……」

私はその変更を聞いていない。またしてもモンゴル気質だ。予定が変わっても、何も伝えない、伝える必要を感じないらしいのだ。これまでも、同じようなことがあって、私は厳しく注意をしていた。約束に間に合わないことは誰にでもある。それは仕方ないとして、事前に立てた予定を変えるなら、それがはっきりした時点で、きちんと知らせなさい、と。

モンゴル気質、それは時間に縛られず、考えるときの単位がいつも何十キロも遠くのこと、恐らく時間の流れも世代を越えるくらいの単位なのかもしれない。しかも、事は成り行き任せの自然次第、自然任せだ。それが彼らの「良い加減」なのかもしれない。ひるがえって私たち日本人は、いつも分秒単位の時間に縛られ、目の前のことに視野を限られる近視眼的種族と言ってよいのではないか。日本人がきちんと予定通りに動きたい種族で、そうしないと心理的にも、あるいは関係それ自体も安定しないのだということを、トゥヴシンにわかれというのは無理なのだろう。

どちらの生き方がよいのか悪いのかではない。日本人として育った私には、予定されたことや時間を守ることに強いこだわりがあって、心が縛られている。違えると、実際に不都合をわが身に負わなければならないので、約束事通りにいって欲しいという願いが半分、しかしその反対に「良い加減」な彼らの生き方に憧れ、羨ましいと思う心情が半分である。本来の私の自然な姿は、ひょっとするとモンゴル式なのではないか、とも感じている。そこからの隔たりには、日本での自然との距離や社会システムの問題も大いにあるのだろう。

しかし、差し当たって日本で生活を続ける以上、近視眼的に生きていくしかないのだが……。

それからまた上を下への騒ぎで、出発できたのは九時をとうに過ぎていた。十一時にシンネの家に着くのにはぎりぎりだろう。テレルジにやってきたときのように、道には大きな水溜まりがたくさんできていた。車高の低い車は、凸凹道に大きくバウンドし、水しぶきをバシャーンと左右に跳ね飛ばしながら進む。道の両側には、馬、牛、羊、山羊の群れが見えるのだが、約束の時間が気になっている私には、もはや風景を味わう余裕はなかった。

十一時近くに、やっとウランバートルの市内に入る。そこからはトゥヴシンとシンネが始終、電話でやり取りしながら家を探す。さんざん迷った末に、到着。そこは、どうやら市内でも高級な住宅の並ぶ地域のようだった。

玄関の前には、知った顔が待っていた。と言っても私には、実はシンネの顔がよくわかっていない。帯広で会ったとき、彼は一度もサングラスを外さなかった。何十分かの出会いだったのだし、わかるだろうかという不安があった。しかし、それは杞憂だった。どうやら人間は、相手が発散しているものを全体のイメージとして判別し捕まえるらしい。

そこに立っていたのはまさしく私の知っているシンネバータルその人だった。あのときの偶然の出会い、縁がいまここにつながっていることの不思議を思わずにはいられなかった。

家の中に招じ入れられた。一歳を少し過ぎたくらいの赤ん坊を抱いた夫人が、私たちを歓待してくださった。この方が通信の仲立ちをしてくれた英語のわかる夫人なのだ、と私は密かに確認する。机の上には、何種類もの豪華な料理が美しい皿に盛られて、びっしりと並んでいる。キッチンでは、細身の若い女性がさらに食べ物の支度をしている。この女性、見た目には韓国人のようだが、普通にモンゴル語を話しているところをみると、モンゴル人顔のもう一つのパターンに入るのかもしれない。ぷっくり系ではなく、細身で小柄な、しかし骨格の発達したモンゴル人というタイプがあるのだ。

お手伝いさんつきなのかぁ……。家も高級な造りなら食事も豪華だ。ガラー先生が、裕福な遊牧民だと言っていたのは、本当だったなぁ……。いささか感嘆しながら、テーブルのフルーツや、夫人手造りというアップルケーキを食べた。トゥヴシンはと見れば、相変わらず目の前で肉、肉、肉の食事を続けている。シンネが、何をしたいのか、どこを見たいのかと、あらためて私の希望を尋ねる。シンネの牧場や遊牧している場所に行きたいこと、ラクダに乗ってみたいことなどを伝えた。「では、これからは私に任せてもらえるか？」「もちろん、そのように」とトゥヴシンに通訳をしてもらう。お任せの旅の始まりだった。夫人も子どもも、その世話係として韓国風の顔立ちのメイドさんも同行するという。英語の通じる夫人の同行はありがたかったが、なんだかすごいことになってきた。

日本製の車は、荷物と人で満杯になった。給油のために立ち寄ったガス・ステーションで、巨大なキャンピング・カーがぬーっと現れた。高さ、長さともに大きい。車の正面に、フォードというエンブレムがついている。トゥヴシンが説明してくれる。

「あのキャンピング・カーで行くらしいよ。あれもシンネさんのだって」

キャンピング・カーの運転席には、二人の年配のおじさんがいて、この人たちが巨大な車の担当のようだった。シンネが運転する車と、大きなキャンピング・カーはつかず離れずの距離を保ちながら、どんどん市内から離れて行った。ウランバートル市内から外れて、郊外の雰囲気の中に現れた小さな町で、シンネは駐車し、買い出しをした。大きなダンボール箱にあるのは、草原に運ぶ必需品なのだろう。三十軒ほどしか建物の見当たらない小さな町が、草原の中にたまにぽつんと姿を現す。いつの間にかフォードは見えなくなっていた。

二時間ほど草原をひた走る。途中、あれほど真っ青だった空が急に灰色になり、空一面が雲に覆われた。視界をさえぎるものが何もない草原では、空の量感が圧倒的に感じられる。その空の色が急変し、頭のすぐ上を覆い尽くすのだ。私は恐怖すら感じた。前方左手の遠方には、そこだけ明らかに雨が降っているのがわかる一画があった。かなり低い位置に広がる雲の下に、細かいシャワーのように地上に向かって落下していく水の筋の束が見える。すごい量の雨なのが遠くからでも確認できる。

三百六十度の視界だ。遠くの草原も空もまるごと視野の中に入っている。こんな光景に日本でお目にかかることはない。あっと思う間に、私たちの車はその雨雲の下に入った。豪雨である。案の定、道のあちこちは一瞬で池の状態になったが、シンネはタイヤの片方を池の中に、他方を土が盛り上がっているところにうまく乗せながら、ぐんぐん走らせる。右へ左へと大きく傾きながら走っている車のフロントグラスは、跳ね上がった泥で覆われ、一瞬何も見えなくなる。それでもひたすら進む車は、たちまち難儀な状況から抜け出し、青空の下を走っていた。

シンネはときどき車を止めて、ドアから顔を出しては草の状態を調べている。放牧に最適な状態か、どこに家畜を追い込んだらよいかなどを考えているのだという。今年のモンゴルは、七月に雨がほとんど降らなかったために、草の成長が遅い。自然に生育している草のいのちが、ここでは家畜の生死を左右するのである。

かなり前方に、平たく細長い建物とフォードが見えた。シンネが経営している近代化された牧場である。遊牧のやり方では、餌になる草が生えている土地に家畜を誘導し、草が少なくなると次の草場へと移ってゆく。夏の間に新鮮な草をたくさん食べさせて太らせ、冬の厳寒期を乗り越えさせるのだ。しかし、マイナス三十度にはなるという冬には、いくら体力をつけていたとしても、相当数の家畜が死んでしまうという。このリスクを軽減するために、冬を越えさせる建物を作って、搾乳から飼育まですべて管理するという方法をここでは行っている。この近代化された牧場を担当している若者が、多くの施設を案内しながら説明してくれた。搾乳は機械でするようになっている。ぴかぴかに磨かれた自動搾乳機が、建物の中にずらりと並んでいる。細菌検査や精子の冷凍保存をするための検査室もあった。ここがあるから、自分の家畜は冬でも死なずにすんでいる、とシンネは言う。遊牧と近代的牧畜の融合を試みているようだった。

牧場を離れて少し走ったところに、何軒かのゲルが見えてきた。フォードも先に到着している。一つのゲルに案内された私たちは、そこでシンネ夫人の両親や親族と対面することになった。長方形の大きなバットには、すでに肉の塊がたくさん入っていて、何種類かのチーズや馬乳酒とともに勧められた。外来者を歓迎する嗅ぎタバコのやり取りなど、ひとしきり挨拶が済むと、外で何やら声がする。ゲルの外では、羊の解体が始まっていたのだ。それも三頭である。筋肉質の男たちが、一人で一頭を解体している。夫人の父親が、椅子を出して腰掛けながら指示を出す。小さな女の子が、羊の四肢を持って、解体しやすいように左右に広げている。元遊牧民であるトゥヴシンも血が騒いだのだろう。早速、一頭を受けとると、一人で皮を剝《は》ぎ出した。手を拳骨の形にして、肉から皮を剝いでゆく。とても上手に進めていた。彼らは地面に一滴の血もこぼさない。こんなに体の構造をよく知っている民族はいないだろうと思うほど、実にきれいに美しく解体するのだ。解剖学教室の先生のような手際だ。しかもここでの道具はナイフ一本である。関節は、手で折ってばらす。解体の手順は誰も同じで、親から代々伝えられてきたのか。トゥヴシンが、「皮にこんなに脂肪をつけたら、ダメなんだ」とぶつぶつ言っている。子どもの頃にやって以来の解体だから、うまく思い通りに行かないようだ。しかし、手は順調に動いている。最後には、他の二頭同様に、きれいに皮と肉と内臓が分けられて、内臓は女性の持つボールの中へ入れられ、体の中に溜めてあった血は、別のボールにコップですくい上げられた。

「そうかっ！　血は全部体の中に出してあるんだ……」と私は納得する。昨年、解体を見たときには、なぜ血が地面や皮に垂れていないのかが不思議で仕方なかったが、その疑問は氷解した。内臓を取り出されて肉の空箱のような状態になっている体に、血が溜まっているので、そこから汲みとればよいのだった。肉や関節の処理は男たちが続け、内臓の処理は女性の仕事と決まっているらしい。女性たちは長く太い腸を洗って、その中に小麦粉と思われる白い粉と混ぜた血をどんどん入れてゆく。見る間に、太くて長いままのソーセージができてゆく。胃はどうゆうわけか、かなり離れた場所までぶら下げてゆき、そこで何をやっているのかは見えない。恐らく中身を出しているのだろうと思った。持ち帰った胃を見ると、いかにも軽そうに見えるのだ。切り取ったばかりの胃からは、緑色の物が見えるのだが、これは草だけを食べているからだと、私は合点した。これらの解体したばかりの肉や内臓を塩ゆでしただけの料理は、チャンスンマハと呼ばれて、モンゴルでは定番のおいしい料理になっている。

遊牧民たちは、日本人のように、死んだ相手が目を開いているか閉じているかなどということにはなんの関心もこだわりもない。羊たちは絶命した後もみな、目を開けたままになっている。日本の若い子が見たら、「キャーッ！　目がこっちを見てるから怖い！　食べられな〜い」と言うに決まっている。日本で、自分の手を使うことなく殺されて、「食材」という名前に変わったいのちは、私たちにいのちを食べているという実感を与えてくれない。

　私たちは、大事ないのちには名前をつける。しかし、「食材」とか「食べ物」という名称に変えられるいのちには名前をつけずに、番号を付して管理する。いま日本人は、自分たち人間に対しても同じことをしてしまった。番号を付されたいのちである私たちは、生きている貴重な尊厳あるいのちではなく、管理し消費するべきモノと化す。日本で育ち、その生活になんの疑問も持たずに成長していったら、いのちの実感は薄れてゆくだけだろう。

　遊牧民たちは、何百頭、何千頭もの家畜を複数の群れに分けて飼育しているが、名前や番号こそつけてはいないが、どこの群れで生活しているか、その鬣《たてがみ》の色や、それがどちらに垂れているかなどということで、個体を識別し把握している。そして、広人な草原に布を一枚敷いただけの場所で、自分たち人間のいのちを守るために最低限の家畜を殺して食べ尽くす。そのいのちを食べるためには、それぞれの手をかけ、自分の目でその事実を見ることがここでは必須なのであった。

　手の感触と目で見たこととは、「私」を生かすために犠牲となった他のいのちの存在を、いのちを食べている実感として心に残す。四肢の骨は飼っている犬に与え、あとは何一つ捨てることなく食べ、人間が生きるために利用する。私はそれらの行為を見ながら、食べられるいのちと食べるいのち、それぞれの価値が対等になっているという印象を受けていた。人間対動物は、たしかに知能や言葉の所有によって上下の関係に分別され語られてきたけれど、ここモンゴルの草原では、いのちの価値に上下はつけられていないように思えるのである。この実感は、とても新鮮なものだった。

　解体が終わる頃、急に空が暗くなって、また強い雨と冷たい風が吹き始めた。そしてまた三十分ほどすると、元の青い空に戻った。ふと空を見上げると、大きく半円の弧を描いて虹が出ていた。どこまで行っても平らな草原の地平線に、端から端まで完璧な半円の虹が架かった。その半径があまりに大きいので、手持ちのカメラの機能では一枚に収まらない。それでも何とかして虹のすべてを一枚の写真に収めたいと四苦八苦していたら、なんとその虹の外側にもう一本の虹が出てきた。目の前に、二重の虹が出ている。不思議なのは、一本目の虹は、内側から紫や緑へと変わり、外側が赤い。二本目の虹の色は、順が逆になっていて、赤が内側なのだ。光の屈折の回数が違うからららしいのだが、心躍る荘厳な光景は、科学による分析などどうでもよいと思わせる。しばし、私は出会ったことのない深い幸せを感じていた。

このキャンプ地に夫人と子どもは残って、夏休みを過ごすことになっているようだった。翌朝、シンネとトゥブシンそれに私の三人は、すでに屋根まで泥をかぶって灰色になった日本製の車で、さらに先を目指して移動を始めた。二時間ほど悪路をバウンドしながら進むうちに、私は首が心配になってきたので、持参してきた医療用ネック・プロテクターを装着し、上下左右の衝撃から首を護ることにする。何度もやっている頸椎捻挫のために、私の首はボロボロになっているのだ。それでもいまの日本ではめったにお目にかかれないだろう、この悪路の激しいジャンプには、馴れてくると遊園地の乗り物に乗っているかのような楽しささえ感じられる。「おーっ」とか「うっ」という声を発しながら、波打つ体のままに揺られているうちに、いくつかのゲルが見えてきた。ここが本当の目的地である。シンネがお兄さんとやっている遊牧の現場だ。

到着したときには風が相当強くなって、日中でも寒くて体が震える。車を止めた場所のすぐ前の囲いにはたくさんの山羊がいて、数人の男たちがそれぞれ毛刈りをしているまっ最中だった。大き目の断ちばさみを手に、次から次へとこんもりした毛を刈り取ってゆく。トゥヴシンはたちまち囲いの中に入って、一頭の山羊を押し倒し、毛を刈り始めてしまった。来日して四年、テレルジでの遊牧生活を止めてから十年は経っているだろうに、遊牧民の仕事を忘れていないのである。一度自転車に乗れるようになった人が、何年かの空白期間があっても、また乗れるようなものなのだろうか。私の目にも、ブランクを感じさせない、上手な手際と思える。理屈も何もなく、一度も会ったことのない、そこで働く遊牧民たちの中に飛び込んで、なんの違和感もなく一緒に行動するトゥヴシン。初めて会ったばかりの名も知らない若者を、当たり前のように自然に受け入れて、何事もなかったかのようにともに仕事をする遊牧民たち……ここでも、いのちといのちとが対等であることを、不思議な感動を覚えながら私は嚙みしめていた。遊牧民としての血が、トゥヴシンには確実に流れているのだった。日本でモンゴル語を教わっているときには、私にはまったく見えなかった血の部分である。彼が同行していることで遊牧民たちが、私もただの客人ではなく、仲間として少しは身近に感じてくれれば幸運である。

彼らには、ある一つの仕事は、始めたそのときにやり終えてしまう習慣があるようだ。例えば、家畜の毛刈りは、刈ると決められた種類の家畜全頭の毛刈りをその日に終わらせ、翌日に持ち越すことはない。「いま」やってしまわなければ、明日はわからないというのが、自然相手の、自然次第の遊牧というものなのだろう。雨一つ、風一つで状況が変わり、そして冬になれば零下三十度という過酷な寒さが当たり前の自然の中で生きている彼らだ。その彼らがいのちと対峙し、生きて生活している姿、そこに私はただ立ち止まって見ているだけの存在であった。

モンゴルの夏は、日が長い。夜の八時では、まだ昼間と同じ明るさがある。青空のままなので、時間の感覚が失われてくる。そろそろ夜の支度をしなければならない時間になっていたのもわからなかった。

「さっきから、疲れていませんかって、シンネさんが聞いてくれているのに、答えていないよ。ぼくがちゃんと教えたじゃない。忘れたんですか?」

「えっ、普通の早さでしゃべられたら、何も聞き取れないのよ。すごく早口に聞こえちゃうの」と慌てて弁明しながら、私は覚えた言葉で懸命に、「ヤダルチ・グイ（疲れていません）」とシンネに伝えた。

私の寝床は、普段は納屋兼遊牧民たちの寝床になっているゲルに決まり、シンネが運んできていたキャンプ用のベッドや寝具などで、素晴らしい寝床がしつらえられた。しかし、納屋であることには変わりがない。仕事を終えた男たちが当然のように出入りする。その彼らはいったいどこで寝るのだろうと気になって、トゥヴシンに尋ねてみた。すると、トゥヴシンとテントで寝ることになっているのだという。この納屋には、ここで働いている子どもたちと一緒に寝ることになった。この土地に生きる子どもたちと寝られることが、ちょっとうれしい。なんだか地元の人間になったような気がする。

ゲルに出入りが続いていた間は、落ち着かない時間を過ごしていたが、二人の子どもがきてしばらくすると、誰も入ってこなくなった。子どもたちは九歳と六歳の兄弟であった。二人は、床に置かれた一つの寝袋に早速もぐり込んだ。普段から納屋のゲルの床に、寝袋を置いて寝ているようだ。遠方から見知らぬ人間がやってきたことで、興奮して疲れたのだろうか、二人ともまたたく間に寝入ってしまった。寝顔が、なんとも可愛らしい。邪気のない寝顔をしばらく楽しませてもらって、私もすぐに眠りについた。

明け方の四時頃だろうか、ドアから入ってきた小さな影が、立ちすくんだまま細かく震えている。その様子に気づいた私は、懐中電灯を点けて、その影の方をよく照らしてみた。光の中にいたのは、弟の方だった。なんだか様子がおかしい。兄も起きてきて、弟に何か言っているのだが、私には皆目わからない。そのうち、弟が叱られているらしいことだけは私にもわかってきた。「もしや、おもらしかも……」。モンゴル語でおもらしなどという言葉は習っていない。仕方がないので、自分の前と後ろのお尻辺りを交互に指差してみた。お尻を指したとき、彼は「うん」と小さくうなずいてくれた。もう一度私は、お尻から何かが出てしまったような仕草を、手まねでやってみせた。すると再度小さな反応があった。

「そうかぁ、うんこをおもらししちゃったんだね。それで寒くて震えてたんだぁ、かわいそうに……。着替えのパンツはどこにあるの？」と言いながら、今度は自分のパンツを両手で引っ張って見せると、兄の方が首を振って、ないと言う。私は困った。彼は、ひどく汚れて、洗っても使えそうにないパンツを、外に捨ててきたようである。真っ暗なゲルの中、小さなライトの明かり一つで、私はスーツケースを開け、着替えとして持参してきたパンツを探した。パンツはあっても、なにせ子ども用ではない。幸い、いわゆるおばさんパンツではなく、小さなパンティを持ってきていたので、その中でもより小さそうで地味な芥子色のものを取り出し、彼に履かせてみた。ずり落ちそうなほど大きくはないようで、なんとか履いて過ごせそうな具合だった。よほど寒かったのだろう。乾いたパンツを履いた彼は、ほっとしたのか、すぐに寝袋に入って兄と二人、また眠りについた。

　翌朝、彼が女物のパンツを履いていることを不審がられては困ると思い、親に知らせようと思って、私はトゥヴシンに尋ねてみた。すると、ここで働いている子どもたちは、みな親から離れて子どもだけできているのだということだった。着替えも持たずに、一夏ここで過ごしているというのだ。働いているのは、九歳から十二、三歳くらいの男の子たちで、それ以下の子どもは、兄についてきているようだった。年少の子どもたちは、兄たちの働きぶりを見て自然に仕事を覚えてゆくのだという。

子どもたちは、遊牧をする若者たちから、かなり厳しく仕事を仕込まれているように見えたが、牧場主であるシンネの兄やその夫人などからは、とても可愛がられていることが伝わってきた。例えば、食事のとき、まず子どもたちから先に食べ物を与える場面を、私は何度も見ていた。仕事は厳しく教え込み、しかしそれ以外では十分に可愛がるという、現代日本の子どもたちを取り巻く環境では考えられない生活が、ここにはあるようだった。聞けば、ここで働く子どもたちは、すでにしてナーダム競馬の騎手であり、調教師でもあるという。遊牧民の生活では、野生馬が子馬の時期に人間の子どもが乗って調教するのだそうだ。当然ながら野生の馬に初めから鞍など着けられるはずもない。彼らは嫌がって暴れる裸馬に乗り、次第に自分の指示を聞く馬に仕上げてゆく。そう言えば、トレーラーの中にたくさんのメダルが掲げられていた。どれもここの子どもたちが獲得した金や銀などのメダルであった。ところが、この土地で褒め称えられるのは優勝した馬だけで、日本の競馬のように騎手の手柄を顕彰する文化はないのだそうだ。子どもたちが得るのは、自分が調教した馬に乗り、その馬が優勝したという名誉だけである。

ある朝、私は心に残る場面と出会った。なにやら歌っているような美しい声が、遠くから小さく聞こえてきたのだ。ゲルを出て、その方向へ歩いてゆくと、いつも内気で一番おとなしく、言葉少ない子どもが馬に乗り、つなぎ場の周りをゆっくりと旋回しながら声を発していることがわかった。まだ十歳を少し越えたばかりの男の子の声は、女性の声とも思われる優しく柔らかく高い声である。馬には、遊牧地では珍しくグリーンの馬着を着せ、その上から鞍なしで直接乗っている。彼のか細く高い歌声は、緩やかに空気に乗って広がっていた。何を言っているのか、歌詞の内容はわからない。しかしその旋律は、日本人の琴線にも触れる、とても哀愁の漂うものだった。この子どもたちの心の歌のように私には感じられた。隣で様子を見ていたシンネに尋ねると、これは調教のときの歌で、彼は実にうまい歌い手だと言ってうれしそうに笑った。きっとこの穏やかで優しい旋律は、馬にとっても心地よい旋律なのだろう、と私は思った。

この日、ゲルの周りに、生まれてそれほど日数の経っていない山羊の赤ちゃんがウロウロしていた。黒い毛をした赤ちゃん山羊で、大きな声で鳴きながら歩きまわっている。抱き上げて体の様子を見てみる。赤ん坊にしては手に肋骨が触れるほど痩せているので、お腹が空いて鳴いていることがわかる。赤ちゃん特有のお腹の膨みもない。山羊の群れは近くには見えないので、傍らで馬の餌造りをしていた若者に、山羊に飲ませてよいミルクはないかと、手振りで尋ねた。返事は返ってこない。仕方なく、ゲルの中に置かれていたミルクらしきものを指につけて、子山羊の口元に持っていってみたが、嫌がって舐めようともしない。水はどうだろうと試してみたが、これも受けつけなかった。女の人を探して同じことを伝えると、彼女も私と同じように子山羊の口元にミルクを直接つけてみる。子山羊はいやいやをするばかりで、のけぞって鳴き叫んでいる。困り果てて子山羊を放すと、鳴きながら犬の方へ歩いていった。犬はメスだったが、まだ四カ月の子犬なので、乳が出るはずもない。それでも子山羊は、彼女の腹の下にもぐって、乳房を探してつつき、吸う様子を見せる。

「本当にお腹が空いているんだ、どうしよう。このままでは死んでしまう。早く何か飲ませなくちゃ」と私は焦り始めた。何度か抱き上げて体を温めてみたりもしたが、何もできないという状況は変わらなかった。夜になる頃には、モンゴル特有の気候になった。ここでは日中は気温が高く、夜の寒さは真夏でも厳しい。私は子山羊をゲルの中にかくまった。子山羊は私のベッドの下で、じきに眠りについた。

翌日、どうにかできないのかとトゥヴシンに泣きついてみると、彼は事情を語ってくれた。一人の男の子が放牧の途中、山羊の赤ちゃんが一頭だけで草原にいるのを発見し、ゲルまで連れ帰ったという。すると若者たちに怒られて、すぐに元いた場所に返すように言われていたらしいのである。しかし、彼は返しに行かなかった。誰の所有なのかもわからない家畜を勝手に連れ帰ることは、モンゴルでは恐らく盗みと同一視されることなのだろう。かと言って、そのままにしておけば、死ぬことはほぼ確実である。いつ親や群れと合流できるかもわからないし、夜の寒さに耐えられないだろうからだ。群れからはぐれた子山羊を狙う狼もいる。私の感覚では、どうにか助けようと連れて帰った子どもの気持ちがとてもよくわかる。日本人の情感をもってすれば、多くの人が同じように行動し、連れて帰ったなら、なんとしてもいのちを守ろうといろいろ手立てを尽くすに違いない。しかし、ここはモンゴルの草原である。生き死には自然の事柄であり、自然の手のうちに委ねられているると考える文化がここにはあるのだ。

とは言え、私の気持ちが収まることはなく、夜になると、またゲルにかくまった。せめて寒さから護ってあげたいという気持ちが、拭い去れなかったのだ。しかし、私はここにずっと滞在するわけではない。たぶんあと数日も経てばこの子山羊は死んでしまうに違いない。それでも何かをしたかった。これは「小悲」と言うべきであろう。私たちが自分の感情をもって、相手の状況の善し悪しやかわいそうかそうでないかを分別したりすること、状況によって変わってしまう自分の感情が基になっての想いや判断、これを仏教では「小悲」と言う。相手が自分にとって嫌な人だったり、自分に危害を加えるような相手であったら、恐らくかわいそうだとは思わないだろう。忙しかったら、恐らく手をかけずに見て見ぬふりをして済ませるだろう。要するに、自分の都合で感じる悲しみを、小悲と言うのだ。それに対して、このようにいい加減な、自分勝手なあり方しかできない私の存在をまるごと悲しんでくれているのが、仏の「大悲」と言われる。私は悲しい気持ちを収めきれないまま、子山羊を連れ帰った子どもの気持ちに同調しながら、滞在中ずっとこの子山羊とともに過ごした。この間、子山羊は始終、犬の下腹をつついて母乳を求めていたが、結局は何も口には入っていない。

私の寝泊まりしているゲルは、本来納屋として使用されているゲルなので、さまざまな人が出入りする。滞在二日目の夕方のこと、一頭の黒山羊が運び込まれた。いつも荒れ狂う野生馬を乗りこなして調教している若者が持ち込んだのだ。そこにもう一人、中年の男も加わって、あれよあれよという間に、目の前で解体が始まってしまった。ゲルの真ん中にはどこもストーブが設置されていて、夜にはその中に乾燥した糞をくべて薪代わりにしている。そのストーブに大きな鍋が置かれ、湯を沸かすため糞に火が点けられた。その日も前日同様に、とても風が強かったので、埃や砂が入ってしまうことを恐れ、ゲル内での解体になったらしい。これもすべて、手振りとほんの少しの英語が混ざって、やっと理解できたことなのだった。

大人の山羊の大きさと重さは、私よりも少し小さいくらいか、それほど変わらないかだろう。見ていても、羊とは段違いの量感と重量を感じる。手順は羊と変わらないように思えた。じきに皮と肉と内臓が分けられて、草原に自生しているネギの香りがする小さな植物とともに大鍋に投入された。山羊のチャンスンマハだ。肉の半身は、肋骨をつけた胸の部分と脚とに五センチメートルほどの切り込みを入れて、そこにゲルの柱になっている木の棒を一本抜いて差し込み、吊るす。

「えーっ、肉が吊り下がっている中で寝るのかぁ……。相当臭うんじゃないかなぁ」

心配していたが、解体中も煮ている間も、そして就寝中も、気持ちの悪い臭いは一切しなかった。モンゴルの空気の乾燥度合いは、本当にすごい。人間も動物も汗が出る前に乾いてしまうので、まったく臭くないのだ。子どもたちが着替えを持たずに一夏過ごせることもうなずける。

鍋の中が煮上がった頃から、自然に人びとが集まってきて夕食が始まる。ここでもシンネが、まず先に子どもたちに肉を適当な大きさに分けて与えている。主食が肉であることは知っているが、文字通り肉だけの食事である。一頭まるごとが主食であり、副菜にもなっている。太い腸に詰められた血は、巨大なソーセージとなって、鍋の中にあった。みな、私が肉を食べられないことを知っているので、どうやら心配してくれているらしい。小食も細いので、仮に好きなものであったとしても量は食べられない。私にはわからなかったのだが、「この人は死んでしまうのではないか」、「あんなに食べないままで、大丈夫なのか」と心配する言葉がかわされていたらしい。シンネの家から持ってきた食べ物も、私自身が持参した食べ物もあるので、実際に困ることはまったくないのだが、現場の若者たちには、かなり不思議な人間に見えていたようである。

みながあまりに美味しそうに食べているのを見て、私の気持ちに変化が起こった。臭くないのも変化が起こる一因になっていたと思う。私はみなに向かって、こう言ったのだ。

「私もちょっとだけ食べてみる」

みなの顔が一斉にほころんで、「イデフ・イデフ（食べろ食べろ）」と言う。シンネが早速、肉の塊から少しだけナイフで削いで渡そうとした。私は、「五ミリだけにして」と手で示し、さらに小さくしてくれた山羊の肉片を受けとった。まったく脂のない繊維状になった肉の一部を、恐る恐る口に入れてみた。気持ちが悪くない。普段なら即座に吐き出してしまう肉なのだが、口の中に入れておける。もしかしたら大丈夫かもしれないと思った私は、勇気を出して噛んでみた。やはり気持ちが悪くならない。そして、次にも肉の一部を口に入れ、噛んで呑み込んだ。たった五ミリの肉だったけれど、三回に分けて私は食べたのだ。みんな面白がっていた。ほんの少し、遊牧民の仲間に入れたような気持ちになって、私もうれしかった。

幼少時から肉を食べられずにいた私に、親は好き嫌いはいけないこととし、躾と称して食べることを強要した。無理をしてでも食べるようにと、肉を食べる練習を繰り返させた。親に強制されて肉を口に入れても、気持ちが悪くなってすぐに吐いてしまう。口に入れた途端に嘔吐反射が起こるのである。口中に入れておくことさえできないほど、私は肉を食べることができなかった。まして噛んで味を確認し、呑み込むなどということは、これまで不可能だったのだ。たった五ミリの経験ではあるが、私には素晴らしいことだったし、しかも勇気ある経験ができて本当にうれしかった。身を供して解体された、あの黒山羊のおかげだと、感謝の想いさえ湧いてきた。心配していろいろ食べ物に工夫をしてくれた遊牧民たちの気持ちも、私に勇気を起こさせたに違いなかった。

今日は、ウランバートルに戻る日である。とうとうここから去らなければならない日がきてしまった。腹を空かせて、近いうちに死ぬことがわかっている赤ちゃん山羊のこともあって、なんだか切ないような、泣きたいような気持ちになっている。心がふるふるとしているのを感じる。私の「小悲」は揺さぶられていた。

朝の食事の後で、シンネが、「兄があなたに馬をプレゼントすると言っているが、どんな馬が好きなのか」と聞いてきた。私はびっくりした。「馬をプレゼント」、信じられない申し出に、感激してすぐには言葉が出なかったが、雌のおとなしい子がいいとかろうじて伝えた。シンネの兄が放牧している馬はおよそ千五百頭いる。どうやら、その中から選びに行こうと言っているらしい。興奮状態で帰りの支度をしていると、シンネが馬を見に行くと言い、私とトゥヴシンを車に乗せて出発した。しばらくすると、大きな池の畔にたくさんの馬たちが水を飲みにきているのと出会う。前日、子どもたちが私を連れて行きたがっていたのは、その池であることがわかった。しかし、探している馬の群れは、これではないのだと言う。

遊牧民の目は、とてもいい。いくら都市で生活しているとはいえ、シンネの目も遠くにいる生き物が見えるようだ。運転しながら遠くの方を観察しているのがわかる。そして、まだ私たちには何も見えない丘の方角を指差して、あそこにいると言うのである。すぐにその場所に着いた。こんなにたくさんの馬の中から選ぶなんてとてもできないと言うと、すでに決めてあるらしいよ、とトゥヴシンが言う。いまからその馬を捕まえるのだそうだ。

その遊牧民は、シンネのところでも一番上手な馬捕り竿の使い手で、一発で群れの中の一頭を捕まえることができるのだそうだ。馬捕り竿は、群れの中から、目指す一頭を馬に乗って追いかけ、捕まえるときに使用する。長さ四メートルくらいの細い木の竿に紐がついており、その紐の輪の中に馬の頭を入れて捕まえるものである。アメリカの例に譬えれば、カウボーイが馬に乗って牛を捕まえるときに使用する投げ縄の、輪以外の部分が長い木でできているものを想像して欲しい。まずは群れの中から目的の馬を見つけ出し、次に

疾走するその馬の後ろから追いかけて、瞬時に輪の中に馬の頭を入れる。その後も逃げようとして疾走を続ける馬の力とスピードに負けない力とスピードを保ちながら、馬を止めるのである。相当な力と馬上でのバランスが問われるような仕事で、彼らのように子どもの頃からやっていなければ、とてもできない仕事であろう。私にプレゼントされると決まった馬は、あっさりと彼の手に捕まった。あとは私たちの車と彼の誘導によって、キャンプ地まで群れを追い込んでゆくのだ。

群れとともにキャンプ地に着いた私たちのもとに、一頭の美しい子馬が連れてこられた。すぐ傍らにはそっくりな色の母馬が付き添って離れない。自分の娘が何をされようとしているのか、とても心配しているのがわかる。親子ともに、茶色の地に白い大きな斑があり、鬣《たてがみ》や尻尾にはすこし黒い毛も混ざっている。脚の脛から下はすべて白いので、まるでソックスを履いているように見えて、とても可愛い。ここは草がよいのだろうか、この子馬だけではなく、どの馬もよく太っていて、肋骨が浮き出ているような馬はいない。私たちは子馬の前で記念写真を撮った。うれしかった。子馬は、あの少年たちによって調教され、乗用馬として乗れるようになるのだろうか。それとも野生馬として生活するのだろうか。どちらにしても、彼らによって調教されるのかもしれないと考えただけで、なんとも言えない幸せを感じた。シンネの兄から、二年後にはこの子馬がさらに子どもを産むのだと聞かされた。彼らはいのちのつながりと継続を自然に考え、前提にしているのだと知った。私は目の前の子馬のことしか考えていなかったのに。

貴重な一頭が、次にいのちをつなぎ、自分は死んでゆく。それを繰り返しているということを、日本での生活を続けている間に、私は考えることもしなくなっていたようである。ある個体が殺されたら、それで終わり。また別の個体が作られ、同じように殺されて終わる。ぶつりぶつりと、切れて終わるいのちだ。いのちが部品扱いされ、代替え可能なモノと化している日本にいると、このことに疑問を感じることもなく、日常が過ぎてゆく。もしかしたら、これは自然ないのちのあり方から大きく外れてしまっていることなのかもしれない。

私にとってのいのちは、近代になって積極的に行われている医療のような、代替え可能な、部品の寄せ集めとしてのいのちではなく、死んでしまえばそれで終わりになるいのちとも違う。ことさらに手を加えて生かされ、望まないのに永らえてしまういのちとも違う。生と死はつながっており、生と生もつながっており、たぶん死者と死者もつながっているのだろう……。ただただ自然のままにあるいのちと、自然のままに亡くなってゆくいのちとが、潔くここモンゴルの草原にはあった。

青と緑の上下に分けられた三百六十度の地平線が見える土地から、私の足は、死者と生者、死んだ者と生きている者とが見えにくい日本の交差点に向かって、また歩き始めた。

終章　いのちの操作場

長い時間をかけて医師たちと一緒に作り上げてきた「ガン対策支援センター・キャンサーリンクかながわ」というＮＰＯ法人を、二〇一五年に解散した。前身の「かながわがんＱＯＬ研究会」から考えると、すでに十九年続けてきたことになる。当時は、いまだガンの発見率も治癒率も低く、患者さんへの告知率も相当に低い時代で、私たちはガンの疫学の研究や知識の広報、それと直接患者さんと家族の方々のケアを目的にして組織を立ち上げた。患者さんのＱＯＬ（生活の質）とか、ターミナル・ケアとか、スピリチュアル・ケアなどという言葉さえ周知されていなかった時代の中での立ち上げだった。いまはそれらのどれについても、さまざまな場所で手が差し延べられているので、私たちの組織の存在意義はすでになくなったものと考えての解散であった。

ともに患者さんとかかわってきた医師たちが、近年このように言うようになっていた。

「ぼくたちは、本当に人を救ってきたのだろうか……」

この言葉で、私は定期的に行っている病院でのカウンセリングの際に聞いた患者さんたちの言葉を思い出す。

「こんなふうに生きるなんて、人間じゃない、早く殺して！」

「なんで早くお迎えにきてくれないの」

人びとの願いをかなえるために、それこそ懸命に研究し、努力してきた医療界だったはずなのに、目指したとおりに寿命が延びたら、人びとは死にたいと言うようになってしまった。いのちを延ばす医療が進んで喜んだのは、ほんの一瞬のことで、気がつけば延びたのは生きている意味のない時間だったのだ。一部の少数者を除いては、死ぬまでの時間をひたすら消化するだけの、虚しい時間を人びとは生きなくてはならなくなっていた。

人間は生きるのにも死ぬのにも意味を欲しがる生き物のようだ。それなのに、健康で若い頃の自分には戻れず、病気も老化も止められないままに死を待つだけの虚しい時間が延び、今日の日本ではそれが苦しみともなっている。いつの間にか、死にたくない時代から、死ねない時代に変わっていた。

長寿によって認知症を発症している人びともたくさんいるけれど、この状態になるまでの移行期には、自分が壊れてゆくという感覚を認識していて、とても虚しく、悲しく、切ない想いで生きている人が多い。なぜ自分の人生の締めくくりがこの状態なのだろうかと、受け入れがたい思いで苦しんでいる。やはり固く握りしめた理想の「自己」がそれぞれの心の中にあって、その「自己」が崩壊してゆくことが本当に恐ろしいのだと思う。自分が思い描いていた人生の終わりの理想像と大きくかけ離れた、崩壊してゆく自分の姿は、絶対に受け入れられない、認めたくない姿なのだ。善因善果・悪因悪果の思想で教育を受けてきた私たちは、悪い状態が現れると、それはそれまでの自分の行いや考えが悪かったからで、罰《ばち》が当たったのに違いないと考える。しかし、こんな酬《むく》いがくる原因をいくら探しても、これほどひどい状態になってしまう理由が見当たらない。私たちは、この虚しい原因探しの作業を延々と続け、エネルギーを使い果たす。なぜ？　なぜ？　というスピリチュアルな問いが終わることなく続くのだ。善くも悪くも、なるようになるということは初めから決まっているのに、これはその真実に目をつぶってきたということではないか。

　自分の都合通りにならない人生について考えると、すべての苦悩に終わりがあることは、実は救いになっているのではないかと私は思っている。この世の「楽」には未練があるけれど、それも私を苦しめる基になっている貪欲の仕業であろう。体と意識の消滅は、五蘊*の消滅でもあるのだから、死ぬことは案外救いになっているのではないだろうか。

＊五蘊——釈尊の説いた四苦八苦のうちの八番目の苦である五蘊盛苦《ごうんじょうく》のこと。色蘊（人間の肉体を意味したが、後にはすべての物質も含まれる）、受蘊（感受作用）、想蘊（表象作用）、行蘊（意志作用）、識蘊（認識作用）。生きているかぎり、この身体があるかぎり、五つの働きが盛んになってしまっているために起こる苦悩を指す。

では、努力しさえすればどうにか思った通りになると確信していた「妄想」の床を踏み抜いたとしたらどうだろう。そもそも初めから、私たちは死ぬまでの時間を生きているのであって、生き死にすることに特別の意味はないのではないかと思う。なんの目的も設定せず、ただ「生まれてきたから、死ぬまで生きている」ということでは駄目なのだろうか。他の動物たちのように、シンプルに生じ、シンプルに滅してゆく生き方の方が、ずっと気高く感じられるのはどうしてだろう。一見、高尚に見える、人生に読み込まれた目的や意味は、果たして本当に必要なのか。私は、モンゴル草原の山の斜面で、たった一人で馬たちを放牧しながら、ゆったりと寝ころんでタバコをふかしていた老人のことを思い出していた。

二〇一五年の五月頃、患者さんとのかかわりに私を引き入れた僧侶であり、医師でもある友人から、十年ぶりに電話がかかってきた。その内容は、自分はガンの末期であり、転移もある。恐らく余命は長くても三カ月ほど。もしも転移巣が暴れだせば、余命は一カ月くらいであろうとのことだった。自分のいのちがある間に、十年前から手をつけていた原稿を本にして出版する予定だという。その表紙絵を描いて欲しいとの依頼である。儀軌《ぎき》通りの仏画を描ける人がいないので、その勉強をしていた私に頼みたいとのことだった。彼が書いた原稿の内容は、『般若波羅蜜多心経』の新しい解説のようなものらしく、表紙には般若菩薩の絵が欲しいという。この菩薩は、サンスクリット名を見れば、女性・単数の、法そのものということになる。色っぽく、しかし理知的な印象の菩薩像にして欲しいと言われたものの、私は数年以上、絵を描くことから離れている。いまの主たる表現方法は文字になってしまった。もう絵は描けないのではないかと少し不安になったのだけれど、私の人生のレールを敷いた重要な人の最後の仕事である。ぜひ手伝いたいとも思ったので、なんとか頑張ってみると返事をして、その依頼を引き受けた。

それからは着々と画材の調達をして、久しぶりに開く儀軌の本を見ながら、ひたすら製図をするように、画用紙の上に何本もの線を描いた。彼のいのちの時間と競争しているような気分だった。この頃から、私は余計な音がうるさく感じられるようになって、テレビを見なくなった。本当に必要な音以外は自分の周囲から消して、描くことに集中し始めた。

苦しみながらの一枚が完成近くなった頃、彼からさらにもう一枚、別の儀軌からとった内容の般若菩薩像を描いて欲しいと再度の依頼がくる。一枚目で何とか感触を思い出していたので、勢いに乗ってそれも描くことにした。私は心の中で、いつもリレーのマラソンをしているような気分だった。万が一、出版に間に合わなかったら、どうにも責任がとれない事態になってしまう。彼のいのちが終わってしまったら、すべてが間に合わなかったことになる。何度か線がうまくいかず、本来ならば描き直すところではあるけれど、とてもその時間はなさそうだったので、ホワイトで修正しただけの恥ずかしい状態のまま絵を送った。縮小して印刷すれば、恐らくは修正が入っていることはわからないだろう。それでも私は、絵描きとして恥ずかしかった。でも完成を期して間に合わないことよりも、間に合わせる方を優先させた。

彼のいのちの時間は、出版に間に合った。少し遠い場所にある彼の寺で、最後の護摩法要と出版パーティが開かれるとのことで、私もその席に呼ばれた。護摩行は、気力も体力

三橋尚伸『般若菩薩』

も相当に必要とされるもので、医師である彼は自分の状態がよくわかっていたのだろう。彼は、これが最後になると確信して行に入ったようだった。私も内陣にはべらせていただき、用意されていた席に座ると、彼の顔を斜め前から見られるという位置であった。数多くの経を読む中で、『般若心経』は三回読むはずの予定が組まれていたのだが、二回で終わった。太鼓役の僧侶が、彼の体力の限界を考慮し、打ち止めの太鼓を打ったのだろうと私は思った。

彼が淡々とくべる護摩木から立ちのぼる火は、ときどき立ち会っている友人の護摩行のパワフルな火とは別物であった。人生の終焉を知っている人の穏やかささえ感じられる。そこには緩やかで優しく、澄んだ火がゆるゆると立ちのぼっていた。もしかしたらこのときの火は、彼の生きたいという煩悩からくる苦悩を燃やし尽くし、昇華するような聖なる火だったのかもしれない。その後、開かれたパーティでの彼の穏やかな口調や物腰を見ていると、いのちの終わりを受け入れた人の、孤高の、透徹したような凄味を感じた。

真言宗の教えでは、生きる者は、「阿字より出でて阿字に還る」と言われている。モノの生じるところを「ア」という音に表し、生じたモノは円環を生きて、生が終わるときには、元いたところ「ア」に還るという考えである。終息するところを「フーム」で表してもいる。阿吽《あうん》の呼吸という日本語の基には、アから始まりフーム（ウン）に終わる円環の完成という意味が含まれているのだろう。

あなたは自分が生まれたときの苦しみを、覚えているだろうか。何時間もの間、狭い産道を窒息しそうな状態で降りてくるのは、たぶん苦しかったのだと思うけれど、私たちは何も覚えていない。恐らく死ぬときも、私たちの意識には何も残らないままなのだろう、と私は想像している。傍らから見える表情には、ときには苦悶が見てとれることもあるだろうけれど、私たちの脳内には麻薬とよく似た物質が出ているので、本当は何も苦痛は感じていないのだという説もある。脳内麻薬と呼ばれている二十種類ほどの物質で、ふだんから脳内に自然状態で分布しており、その中の代表的なものには、β-エンドルフィン、ドーパミンなどがある。肉体的苦痛を感じたときに自動的に脳内に放出されるβ-エンドルフィンの鎮痛効果は、モルヒネの六・五倍と言われているほど強力なのだそうだ。生き物は、このように実に繊細に巧みに作られているのだから、私たちは、後のことも先のことも、何も憂うことはないのだ。

不完全で不条理なこの体と人生に感謝しながら、お任せして生きることだけが、私たちがする仕事なのだ、と私は確信を持って言える。ことさらに死を急がなくても、死ぬべきときがくれば死なせてくれる。生をどれだけ希求しても、体を返さなければならないときは、返したらよい。

私が所属している宗派には、このような標語がある。

「いま、いのちがあなたを生きている」

世間で使われている日本語とは、相当に異なる言いまわしになっている。世間の考えでは、「いま、私のいのちが生きている」となるだろう。主語は「私のいのち」になる。ところが標語での主語は「いのち」になっている。この生は、私の手に授かった（いただいた）、私の所有物としてのいのちではないということである。私の手のうちには、生死はない。ただ預かっているだけなのだ、しかも期限つきで……。

自分がもらったいのちと考えているから、生きているのが嫌になると、「もういらない、こんな人生は嫌だ。早く死んでしまいたい」と、自分勝手にいのちを抹殺したくなる。私の過去には、そのように思ったことが何度かある。自分の持ち物だと考えているから、古くなったり、病気で使いモノにならなくなると、ほかから丈夫で健康な部品を取ってきてすげ替え、少しでも自分のいのちを永らえようと画策する。このときにいつもキーワードになるのが、「かわいそうだから」、「人並みの幸せをあげたいから」という、なにやら一見美しく感じられる人道主義的な言葉である。

ここでも、根底にある自分の貪欲を満たそうとする欲が、別の言葉で飾られてそれと見えなくなり、きれいごととして世間を闊歩する。私たちは、例えば心臓が悪くて、自分の心臓では生きていけない人は「とてもかわいそう」だから、他人の心臓に替えさせてあげたらよいのだと考える。そして、これは善行なのだ、と。ところが心臓は生きている状態でなければ移植はできない、生着しない臓器なのである。そこで医療と政治が編み出した考え方をもって、床板を一気に外すことになった。たとえ心臓が動いていても（生きていても）、脳の根幹が不可逆的な状態になったら、その人は死んだことにしようと決めてしまったのだ。体温があり排泄があり、毛髪や髭が伸び、自ら鼓動を刻んでいる心臓を持って成長さえしている生者を、死者として取り扱うことにしてしまった。

生きている心臓を切り取ったら、手を下した人は殺人罪に問われる。しかし、この人は「死んだことになっている」のだから、切り取っても問題はないのだという、まぎれもない大逆転を編み出したのである。部品をすげ替えて欲を満たすために、何千年も続いてきた私たちのいのちの定義が、あっという間に変えられてしまった。

しかし、このような考えや行為を、布施であると言う仏教者もいる。そうなのだろうか……。布施の絶対条件は「無執着」である。布施をする側、受ける側、そして布施されるそのものの三者ともに一切の執着がなく、清浄であること（一切の欲に縛られていない状態）が条件で成立する行為であろう。ところが現実に行われるようになってしまった部品としてのいのちのやり取りは、世事で言うところの「契約・取引」、あるいは「効率のよい利用」になってはいまいか。これを布施だと言われても、私には違和感が残る。

このようなちゃぶ台返し、床板外しを考え出した世間には、本当にびっくりしたものだ。行為の善悪を分別しているのではなく、これをやって、いったい何カ月何年、いのちの時間が延びたら、私たちの欲は満足するというのだろうか。ここに私は深く引っかかってしまう。欲は欲を呼んで、とどまることを知らないものなのに……。寿命が延びたら、死にたくなった人が出てきたように、きっとこの結果も、いつの日にか、不思議な形をとって出てくるような気がしてならない。いくら健康で元気な臓器にすげ替えても、私たちは死ぬというのに……。何年かのために他者を部品として利用すること、またそのために都合のよい解釈に変えてしまうことを、どれだけ美しい言葉で飾り立てたとしても、貪欲を満たすこと以外の言葉は、私には見つからない。

逆に近年、ことさらな延命治療を拒否し、自然のままに死んでゆくことを望む人びとが多くなったように思う。他の動物たちのように、物が食べられなくなって次第に弱り、やせ細って枯れて死んでゆけたら理想の死と言われる時代に、すでに入っているのかもしれない。心身のエネルギーが不足して枯渇し果てたら、元気で盛んであったために私たちを苦しめてきた五蘊《ごうん》も枯れてくるのだろうから、心の揺らぎも力なく平たんになって、楽になれるように思える。

力強く、明るく、元気な「旭日の価値観」で救われる人びとがいる。その反対に、もの悲しく、陰のある、穏やかで寂静感のある「落日の価値観」への転換が、浄土の教えとして何百年もの昔から人びとを救ってきた。物事の終わりは寂しくもあるけれど、それは往くべき居場所の確信でもある。そこからは、私たちは人間としてではなく、仏として再生し、その後も世間を生きる「私たち生者」に働き続けるのである。人は死んだ後にも、迷い苦しみ弱っている生者の背中を押して勇気づけたり、間違っていることに対しては前面に立ちはだかって止めたりと、終わりのない仕事をし続けているのだ。いのちを合理化して操作し、自らをもごまかしている場合ではない。おちおち、のんびり死んではいられない。

青森の恐山には、生者たちと強力にかかわり、ともに成長し続けている死者たちがいる。密教には、汚く恥ずかしく隠しておきたい欲を、一見したところ美しい言葉でごまかすのではなく、真正面から堂々と取り上げて昇華してくれる、明るく力強い教えがある。そしてモンゴルの草原には、常に自然とともに生活しながら、すべてをありのままに受け入れてシンプルに生死している、大草原を生きる者たちの潔さがある。

これらは、まさに仏としての働きが円環を生き、いまもなおここにあり続けていることを証明している。死と生とは分断されてはおらず、死で終わるいのちは無い。

死で終わるいのちは無い　死者と生者の交差点に立って

2016年2月23日　第1刷発行

著　者　三橋尚伸《みつはししょうしん》

発行者　中川和夫

発行所　株式会社　ぷねうま舎
〒101-8002　東京都新宿区矢来町122　第二矢来ビル3F
電話 03-5228-5842　ファックス 03-5228-5843
http://www.pneumasha.com

印刷・製本　モリモト印刷株式会社

ISBN 978-4-906791-54-5　Printed in Japan

たどたどしく声に出して読む歎異抄	伊藤比呂美	四六判・一六〇頁	本体一六〇〇円
『歎異抄』にきく　死・愛・信	武田定光	四六判・二六二頁	本体二四〇〇円
親鸞抄	武田定光	四六判・二三〇頁	本体二三〇〇円
ぽくぽくぽく・ち～ん　仏の知恵の薬箱	露の団姫	四六変型判・一七五頁	本体一四〇〇円
養生訓問答 ——ほんとうの「すこやかさ」とは——	中岡成文	四六判・二一〇頁	本体一八〇〇円
となりの認知症	西川　勝	四六判・二〇〇頁	本体一五〇〇円
声　千年先に届くほどに	姜　信子	四六判・二二〇頁	本体一八〇〇円
折口信夫の青春	富岡多恵子・安藤礼二	四六判・二八〇頁	本体二七〇〇円
この女《ひと》を見よ ——本荘幽蘭と隠された近代日本——	江刺昭子・安藤礼二	四六判・二三二頁	本体二三〇〇円

——ぷねうま舎——
表示の本体価格に消費税が加算されます
2016年2月現在